NUEVA ALIANZA MINOR
1

ANSELM GRÜN

PORTARSE BIEN
CON UNO MISMO

OCTAVA EDICIÓN

EDICIONES SÍGUEME
SALAMANCA
2005

Cubierta diseñada por Christian Hugo Martín

Tradujo José María Hernández Blanco
sobre el original alemán *Gut mit sich selbst umgehen*

© Matthias-Grünewald, Mainz 1995
© Ediciones Sígueme S.A.U., 1997
    C/ García Tejado, 23-27 - E-37007 Salamanca / España
    Tlf.: (34) 923 218 203 - Fax: (34) 923 270 563
    e-mail: ediciones@sigueme.es
    www.sigueme.es

ISBN: 84-301-1319-3
Depósito legal: S. 640-2005
Impreso en España / Unión Europea
Imprime: Gráficas Varona, S.A.
Polígono El Montalvo, Salamanca 2005

CONTENIDO

INTRODUCCIÓN

¿Rigor o misericordia?

A los monjes primitivos les gustaban mucho estas palabras de Jesús: «El reino de Dios padece violencia, y sólo los violentos lo alcanzarán» (Mt 11, 12). Para ellos tenían un significado ascético: sólo el que se hace violencia, el que se decanta totalmente por el reino de Dios, entrará en el reino de los cielos. Así lo advertía el monje Macario: «Queridos hijos, haceos también vosotros un poco de violencia para que consigáis la única virtud, pues está escrito: 'El reino de Dios pertenece a quienes se hacen violencia'» (Am 171, 3). Y Zacarías, un padre primitivo, definía el monacato a partir de esas palabras de Jesús: «Dentro de mis cortos conocimientos, creo, padre, que el monje es una persona que se hace violencia en todo» (Apo 243). Algo similar dijo Juan Colobos: «Así hacen los monjes del desierto de Escete, en Egipto: infundir confianza a quienes pasan por alguna prueba, y hacerse violencia a sí mismos para ganar para el bien a los demás» (Apo 333).

Los exegetas no están hoy de acuerdo sobre cómo interpretar el texto de Mt 11, 12. La traducción ecuménica dice así: «Desde los días de Juan el Bautista hasta hoy el reino de los cielos sufre violencia; y los violentos pretenden acabar con él». Está claro, pues, que interpreta el texto en el sentido de que los violentos impiden la llegada del reino de los cielos: «Los violentos se apoderan del Reino para impedir que los hombres entren en él» (Grundmann, 309). Los monjes primitivos lo entendieron de otro modo: el reino de los cielos viene con violencia, se abre paso irrevocablemente. Pero se necesitan hombres decididos a ganárselo. «Los hombres decididos, sobre todo contra sí mismos, se apoderan del reino de Dios que se abre paso con violencia» (Grundmann, 309). Estas palabras de Jesús movieron a muchos monjes a ser violentos consigo mismos, y se sirvieron de ellas para justificar la durísima ascesis con la que sometieron sus pasiones. Para muchos relatos de santos, la violencia contra sí mismos era un signo inequívoco de santidad.

Esta ascesis agresiva condujo a los cristianos a una actitud igualmente agresiva con quienes no tenían su fe ni pensaban como ellos. Pues la voluntad de Dios es determinante, y ante ella todos tienen que inclinarse, cueste lo que cueste. Los pueblos tienen también que someterse a ella. Así se explica el uso de la violencia para convertirlos a la fe. Esto explica también la interpretación errónea de las palabras de Jesús para justificar algunos métodos misionales realmente agresivos. Lc 14, 23: «Id a todas las calles dentro y fuera de la ciudad, y obligad a venir a la gente hasta que se llene mi casa». Es el *compelle intrare* latino, el «obligar a entrar». En este pasaje tiene su base la misión violenta en las Indias, por la que los cristianos han contraído una deuda con los indios que nunca será saldada. Una actitud ante la fe igualmente agresiva se percibe también hoy en la Iglesia. Los rigoristas, tanto los de izquierdas como los de derechas, se comportan violentamente consigo mismos y con aquellos a quienes combaten. Tachan de heterodoxos a teólogos fieles al concilio

Vaticano II y a menudo adoptan hacia ellos un comportamiento insultante y agresivo. Al mismo tiempo, reclaman para sí la exclusiva de la ortodoxia. A los que piensan de otro modo les llaman hijos de mala madre o espías de Satanás. Y les desean el peor de los infiernos. Un lenguaje tan agresivo y tan duro no tiene consideración alguna para con los demás, carece de tacto y sólo sabe ser cruel e inmisericorde con quienes piensan de otro modo. Se remiten además a Jesús, pero no se dan cuenta de que es lo más contrario a lo que él era: manso y misericordioso, cercano a los pecadores y a los paganos. En nombre de Jesús, manso y comprensivo, se procede violentamente contra quienes no defienden la misma línea teológica.

Pero no debemos limitarnos a buscar el rigorismo y la dureza en los grupos conservadores –como los devotos militantes de María– o en los progresistas radicales, a veces tan poco o incluso menos misericordiosos que aquellos. Todos tendemos a ser agresivos con nosotros mismos, y además muchas veces en nombre de Dios. Lo sé por propia experiencia. Hasta la universidad fui muy duro conmigo: tenía que acabar con mis necesidades y con mis sentimientos, tenía que ponerme por encima de todo al servicio del ideal, tenía que luchar sin reservas y con todas las fuerzas por el reino de Dios. Afortunadamente sufrí en esa época una profunda crisis que derrumbó el edificio de mi vida y Dios me fue construyendo poco a poco una casa nueva y acogedora.

Analizaré las causas que pueden dar lugar a un comportamiento tan riguroso con uno mismo, y buscaré en la Biblia y en la tradición espiritual caminos que nos lleven a tratarnos a nosotros mismos con más misericordia. Veremos también que Jesús nos llamó no a la violencia, sino a la paz, a ser buenos con nosotros mismos.

1
El fenómeno del rigorismo

El rigorismo actualmente no es un fenómeno exclusivo de los círculos religiosos. También abundan los fundamentalistas en el ámbito político y configuran cada vez más el rostro de nuestro mundo. Los fundamentalistas musulmanes tienen al mundo en un puño. En Alemania y Francia los radicales de derechas se pasean por las calles vociferando públicamente sus mensajes.

Encontramos rigoristas en todos los movimientos sociales: hay ecologistas rigoristas, vegetarianos rigoristas, antiabortistas rigoristas, xenófobos rigoristas… Puede que los objetivos que persiguen sean incluso justos, pero desde luego no lo son ni sus métodos ni sus sistemas para conseguirlos. Les sobra obsesión y dureza. Parece como si el futuro del mundo dependiera de que se guarde una u otra dieta, de que se siga a este o a aquel gurú, de que se utilice uno u otro método de gimnasia.

En la Iglesia no sólo están los grupos que se adueñan de la ortodoxia y quisieran excomulgar por herejes a todos los demás. También existen muchos otros grupos que buscan lo espiritual, que conviven en paz con los demás y no juzgan a nadie, pero que son muy duros consigo mismos y practican una ascesis que hace violencia a la persona.

1.   *Causas de la dureza contra uno mismo*

La violencia contra uno mismo hunde casi siempre sus raíces en la historia de la propia vida. Algunas personas han sido heridas en su infancia. Si no ven sus heridas, si no las asimilan y se reconcilian con ellas, están condenadas a herirse permanentemente a sí mismas y también a los demás. El dolor que un niño siente al ser herido es tan grande que tiene que reprimirlo para poder vivir. Pero para reprimir el dolor necesita eliminar poco a poco todo sentimiento. Hans Böhringer (Grün, 56s) sostiene que ese niño ha hecho inconscientemente este juramento: «Los sufrimientos que he tenido que aguantar y soportar han sido tan grandes, que mi cupo está ya más que cubierto para siempre. ¡Ni un solo dolor más en mi vida!». Un niño así se niega a confiar en alguien. Cree que tiene que solucionar sus problemas por sí solo, y aunque intuye que solo no va a lograrlo, es fiel a su juramento. Una señora me contó que cuando era niña le tocó esperar muchas veces a su madre debajo de una farola, hasta que llegaba a casa. Su padre había fallecido en la guerra y su madre tuvo que trabajar muy duro para sacar adelante a sus dos hijos. Por eso los niños se sentían completamente como sin hogar. Tenían miedo de ir a casa por si aparecía algún hombre desconocido. Para sobrellevar aquella tremenda situación, la señora tuvo que reprimir una y otra vez sus sentimientos. Y le iba estupendamente. Pero su vida estaba cada vez más vacía. Y ahora, ya adulta, no era capaz de sentir nada. Por fin, esta carencia de sentimientos la movió a hacer algo para que su vida volviera a valer la pena.

A un niño se le hiere sobre todo cuando no se toma en serio ni su peculiaridad ni su unicidad, cuando no se

tienen en cuenta sus sentimientos o se les toma a broma.
Para John Bradshaw esto produce una herida espiritual.
Según él, la espiritualidad es sobre todo sentir que «yo
soy el que soy». Si un niño percibe que nadie toma en
serio su identidad, se siente herido en su yo más profundo. «La herida espiritual es la realmente responsable,
más que cualquier otra cosa, de que de adultos sigamos
siendo unos niños sin autonomía y enormemente ver-
gonzosos. La historia del ocaso de un hombre o una mujer así comienza precisamente cuando a ese estupendo,
valioso, peculiar y precioso niño el 'yo soy el que soy'
ya no le dice nada en absoluto» (Bradshaw, 66).

Al niño se le hiere en su yo profundo cuando no se le
ama por sí mismo, por lo que es. «La frustración del an-
helo del niño de ser amado como persona, y de experimentar que su amor también es aceptado, constituye el
mayor drama que le puede suceder. Los padres en una
familia desunida no están en condiciones de darle al niño lo que necesita, pues ni ellos mismos lo tienen. Lo
que pasa en realidad es que a la mayoría de los niños de
familias desunidas se les causan las mayores heridas
precisamente cuando más daño les hacen» (68). Estas
heridas les mueven a cerrarse interiormente y a creer
por despecho que no necesitan para nada del amor. Pero
se trata de una reacción a la desesperada que endurece
al hombre cada vez más y cada vez le deja más vacío.
Protegerse contra esta herida le lleva a aislarse de los
demás y le incapacita para entablar una relación auténtica. Eso lleva a la persona a decir no a un amor por el
que en realidad suspira en lo más hondo de su ser.

Todo niño herido en su interior reacciona violentamente hacia fuera o hacia dentro. Bradshaw cree que el
niño herido «es en gran parte responsable de la violencia

y de la crueldad en el mundo» (29). Cuenta el caso de
Dawson, cuyo padre era un bestia que lo maltrató físicamente. «Cuando se convertía en el niño pequeño de
antes, que tiritaba de miedo cuando su padre se enfurecía,
ya no se sentía seguro de sí. Se identificaba con su padre.
Se convertía en su padre. Cuando una situación le recor-
daba las brutales escenas de su niñez, se despertaban en
él los viejos sentimientos de impotencia y angustia. Dawson se convertía entonces en su violento padre y maltra-
taba a los demás igual que su padre le maltrató a él» (30).
Bruno Bettelheim ha observado este mismo fenómeno
en los supervivientes de los campos de concentración
alemanes, y lo interpreta recurriendo a la clásica explica-
ción del psicoanálisis: «Identificación con el agresor»
(30). Cabe deducir hasta dónde puede llegar esta identificación de lo que cuenta un terapeuta judío cuya madre
había sido cruelmente maltratada en un campo de concentración por los nazis. Resultaba realmente trágico ver
cómo ella en ocasiones utilizaba contra su hermana las
mismas palabrotas con que los nazis la habían deshon-
rado. Las heridas que no son asimiladas nos fuerzan a
transmitirlas, a herirnos a nosotros mismos o a los demás.

Una forma de herirse a sí mismo es autocastigarse.
«Nos castigamos de modo similar a como hemos sido
castigados de niños» (35). Dirigimos contra nosotros las
agresiones del pasado que no hemos asimilado. A veces
el autocastigo adopta la forma de depresiones o de síntomas psicosomáticos como úlceras de estómago o in-
testinales, jaquecas o dolores de espalda. Una forma de
autocastigarse es acusarse y echarse la culpa de todo.
Uno se desprecia, se considera el peor de los hombres y
quita todo valor a lo que hace, siente o piensa. Sigmund
Freud ha afirmado «que las acusaciones de maldad real

que uno se hace no corresponden y mucho menos encajan con lo que es la propia persona. Pero tienen que ver con otra persona a la que el enfermo ama y contra la que se dirigen tales acusaciones a causa de un amor decepcionado» (Pohlmeier, 678). El autocastigo puede a veces traducirse en lesiones o mutilaciones a uno mismo. Para Affemann, muchos accidentes no son más que una forma de autocastigo. En las fábricas están los típicos «pupas», esas personas que constantemente dejan caer el martillo sobre sus pies o se magullan los dedos de la mano. El accidente puede ser manifestación de una agresión reprimida contra la propia persona. Nadie provoca adrede un accidente. Pero motivos como el autocastigo pueden tener su importancia en el inconsciente. Aunque nadie salga ganando en un accidente, éste puede no obstante esconder también una agresión oculta contra otros. «El hecho de que en accidentes, sobre todo si son de tráfico, se vean también implicadas otras personas, pone de manifiesto que encubren agresiones contra el entorno» (*ibid.*, 681ss).

Otro motivo de la conducta rigorista con uno mismo puede deberse a una educación unilateral que resalta sobre todo virtudes «masculinas» como la dureza y la lucha, e infravalora los sentimientos. Cuando el niño se da cuenta de que su vivencia y sus sentimientos carecen de importancia, de que no se puede llorar, de que hay que apretar los dientes para seguir viviendo, entonces hará lo posible para dominar día tras día sus sentimientos y acostumbrarse a esta dura situación. Siguiendo a Sigmund Freud, algunos psicólogos han afirmado que la agresividad es algo innato en el hombre. Hoy, sin embargo, la mayoría de los psicólogos cree que, aunque las tendencias violentas están presentes en el ser humano, pueden ser dominadas o fomentadas por la sociedad. «El comportamiento violento del hombre, en definitiva, depende casi exclusivamente de que se le haya educado o no para una conducta violenta» (Bailey, 44). Experimentos realizados por algunos psicólogos «han demostrado que a los hombres se les ha enseñado desde niños a ser o a hacerse tan violentos como demanda la sociedad» (*ibid.*). La agresión hacia fuera corresponde siempre a la dureza del hombre consigo mismo.

Pero los niños se vuelven agresivos no sólo cuando se les educa con dureza, sino también cuando la educación que se les da no tiene objetivos claros, cuando en aras de la tranquilidad los padres acaban siempre cediendo, y entonces los niños perciben que no se les toma realmente en serio. Psicólogos de la universidad de Stanford «han llegado a la conclusión de que tanto los castigos corporales como lo contrario, la excesiva laxitud, tienen mucho que ver con la agresividad infantil. La excesiva laxitud la entiende claramente el niño en el sentido de que sus padres aprueban su conducta agresiva. Por el contrario, son muy pocos los niños agresivos procedentes de hogares con unas normas claras de comportamiento, que se les han inculcado desde muy pequeños con amor y sin castigos» (*ibid.*, 55).

El niño que ha recibido poco afecto muy a menudo responde con angustia. Es la angustia ante el rechazo, ante la soledad, la angustia ante el fracaso y la culpa, la angustia frente a la vida. El niño trata de liberarse de la angustia volviéndose extremadamente riguroso. Al no hallar apoyo en sí mismo, trata de asentarse firmemente donde encuentre exigencias claras y rigurosas a las que pueda agarrarse con fuerza. La violencia contra sí mismo no es, pues, más que el intento de superar la profunda angustia que siente en su interior y que se debe a su falta de seguridad. Pero este intento de eliminar la angustia está condenado a fracasar, pues no existen ritos ni normas –por firmes que sean– ni dureza ni rigor que puedan acabar definitivamente con la angustia.

La desconfianza es, junto con la angustia, otra de las causas del rigorismo. El niño no se fía ni de sí ni de los demás. Y como no puede entablar ninguna relación clara y sólida con sus padres, desconfía de todo el mundo y cualquier relación implica para él inseguridad y riesgo. Y cree que la única forma de superar la desconfianza para consigo mismo es someterse a unas normas muy precisas. Esas normas le permiten confiar en que de alguna manera puede vivir decentemente, aunque las agresiones y las emociones formen en su interior una bomba que puede explotar en cualquier momento. Las normas son un seguro contra esta bomba. Pero lo que no dan es una auténtica vida, porque la mayor parte de la energía hay que gastarla en cargar con la bomba y en impedir que explote.

Otra causa de la dureza para consigo mismo es un falso idealismo. Sólo me siento bien cuando sigo ciertos ideales. Mi sentimiento de autoestima depende de que sea fiel a mi ideal. Me identifico tanto con este ideal que me he formado, que reprimo todo lo que no tiene que ver con él. Pero cuanto más me reprimo, tanto más angustiado me siento ante el volcán que hay en mí y cuya erupción puede suceder de un momento a otro. Para impedirlo, refuerzo los compromisos y las normas, pongo cada vez más arriba el ideal, me vuelvo cada vez más exigente y duro conmigo mismo. Me obligo a ser fiel al ideal e inicio así una especie de deporte de alta competición. El listón estará cada vez más alto y el esfuerzo para saltarlo tiene que ser cada vez mayor. Y acabo por forzarme, por exigirme demasiado. Creemos que lo que Dios quiere es que alcancemos este o aquel ideal, es decir, que seamos siempre dueños de nosotros mismos, siempre volcados en los otros, dando sin cesar, jamás egoístas. Pero no es la voluntad de Dios, sino nuestro ideal, lo que colma nuestro orgullo. La voluntad de Dios es que el hombre viva. Lo afirma san Ireneo: «Gloria Dei vivens homo», es decir, «la gloria de Dios es que el hombre viva». La voluntad de Dios nos pone en relación con la imagen que Dios tiene de nosotros. Santo Tomás de Aquino sostiene que toda persona es una manifestación irrepetible de lo divino. Y el mundo se empobrecería si cada uno de nosotros no fuéramos un reflejo único de Dios.

La represión de las propias necesidades e instintos lleva a ser agresivos consigo mismos y a ser duros con los demás. Sobre todo cuando se trata de la represión sexual. El psicólogo suizo Furrer ha mostrado cómo la represión de la sexualidad lleva a adoptar actitudes brutales con los otros. «Una mentalidad antisexual tiene además el peligro de aumentar la agresividad; en realidad, una actitud que reprime rigurosamente la sexualidad es ya agresividad en sí misma. Y una fuerte agresividad no se soluciona sin más, sino que se atrinchera, cuando se reprime, en una actitud de la conciencia» (Furrer, 30). Cuando se reprime la sexualidad se impide que el niño la vaya humanizando. «Paradigma cumbre de la relación entre sexualidad y agresividad» es para Furrer el confesor de santa Isabel, Konrad de Marburg. «Esta personalidad autoritaria mantenía con Isabel un vínculo claramente sexual. No es que tuviera con ella relaciones sexuales, pero sí utilizó con ella una forma sádica de sexualidad, a saber, la desnudó y la convirtió en su rehén.

La sexualidad, que en esta relación no podía manifestarse como amor, asumió la forma de una agresividad extremadamente violenta contra la mujer y contra las mujeres, convirtiéndose en uno de los peores cazadores de brujas que condujo a la hoguera a muchas inocentes» (Furrer, 31). La brutalidad con que mucha gente piadosa se trata a sí misma y sus necesidades no es sino expresión de una sexualidad reprimida. Muchos se tiranizan precisamente cuando quieren desprenderse de todas las pulsiones sexuales.

La peor secuela reprimir las pasiones es la crueldad que se esconde en la conciencia. Cuando se impide rígidamente que el niño manifieste su agresividad, dicha agresividad inhibida pasa al superyó, creando una conciencia rigurosa. Explica Furrer: «La crueldad que se esconde tras una conciencia muy severa es una de las formas de agresión más peligrosas. Quizás no se le puede hacer frente, sobre todo si es inconsciente. Su buen fin la legitima y justifica sus crueles métodos. Se convierte así en un baluarte en el que anidan sus deseos de poder no realizados y en el que ejercen un señorío que puede resultar mortal» (Furrer, 24).

Furrer ve en el superyó del hombre una agresividad primigenia. «El superyó, con su violencia y su severidad implacable, a menudo parece estar más al servicio del placer de un inconsciente afán de dominio que al servicio de una buena causa» (*ibid.*, 21). La razón de un comportamiento así está, según Furrer, en la educación. Cuando los padres son muy rigurosos consigo mismos y con sus hijos, también el «superyó del niño se llena de agresividad y sentimientos de poder… La introyección de unos padres superrigurosos y autoritarios genera un superyó primitivo y agresivo» (*ibid.*, 19). Muchos padres tratan de evitar con castigos la agresividad de los niños. Pero sólo surte efecto en un primer momento. Lo trágico es que la agresividad inhibida se transfiere al superyó y se dirige contra uno mismo. Para Furrer la única salida de esta agresividad se encuentra en ser pacientes consigo mismos y con los que nos rodean. El que quiera ser paciente y tolerante tiene que admitir «que lo insignificante, lo defectuoso y hasta lo malo está ahí presente en cierta medida, y lo seguirá estando en adelante. Quien no pueda aceptarlo será irremediablemente intolerante. Quien no tolere las faltas tendrá que ser a la fuerza riguroso» (*ibid.*, 23).

2. *Formas de falta de amor a sí mismo*

Peter Schellenbaum, en su libro *¡Abajo la autodestrucción!*, presenta al héroe griego Sísifo como paradigma de la autodestrucción, de la violencia del hombre contra sí mismo. Pero ya mucho antes Josef Rudin, para ilustrar el perfeccionismo, se sirvió de la saga de Sísifo y de Procrustes «con el fin de recordar hasta qué punto estos hechos psíquicos recogen experiencias y conocimientos primigenios de la humanidad» (Rudin, 220). Esto me sugirió la idea de buscar en las leyendas griegas símbolos de la violencia contra sí mismo. Schellenbaum llama autodestrucción a la violencia contra sí mismo. Los héroes griegos, cuya vida suele acabar en un tremendo castigo, son paradigmas de la autodestrucción del hombre. El castigo muestra cómo un falso enfoque de la vida puede destruir a la persona, y también cómo puede echarse a perder con ideales irracionalmente elevados. En él podemos identificar los rasgos rigoristas característicos que imposibilitan una vida madura. Lo que los antiguos griegos dijeron en su tiempo podemos constatarlo hoy en nuestra sociedad, pues en ella encontramos bastantes «héroes» que con su rigor y dureza son capaces de destruirse a sí mismos y a los demás.

Ahí esta Sísifo. Tiene que empujar una pesada roca hasta la cumbre. «Pero cuando ya está llegando arriba, el peso se vuelve tan grande que Sísifo ya no puede con la piedra y esta se precipita violentamente hacia abajo... y ahí está otra vez Sísifo tratando de subir la piedra para alejar de sí el hado de la mortalidad. Así una y otra vez, siempre la misma desgracia. Sísifo se crispa y obstina cada vez más, pero también se desanima más». Schellenbaum ve a Sísifo encarnado en los hombres «que dan la impresión de ser al mismo tiempo héroes esforzados y resignados, que nunca pierden el control sobre sí mismos y que a pesar de ello cada vez viven más situaciones que claramente les quitan su control: fases de pobreza total de estímulos, ruptura de relaciones, fracasos profesionales, es decir, acontecimientos que hacen que lo que se había ido construyendo poco a poco se desplome de repente y se precipite por los suelos» (Schellenbaum, 56s). Estas personas «se esfuerzan más que nadie para coger las riendas de su vida y tenerla bajo control. Más radicales que los otros, si se les escapa de improviso todo el control, se derrumban» (*ibid.*, 57).

La dureza que refleja la figura de Sísifo es un control sobre sí mismo que a lo que lleva en realidad es a una vida absolutamente incontrolada. Semejante control no da vida, la impide. Una mujer me contó cuánto le hacía sufrir la necesidad de controlar todos sus sentimientos. Lo que ella de verdad quería era sencillamente sentir, recobrar en plenitud sus emociones. Pero en cuanto aflo-

raban en ella eran controladas inmediatamente como por
una fuerza inevitable. La espontaneidad le resultaba imposible; tenía un miedo enorme a que sus sentimientos
escaparan de su control. Ella quería sentir, pero su mecanismo interior de control era más fuerte. La alejaba de
la vida que con tanta intensidad deseaba. El que quiere
controlar todos sus sentimientos y sus acciones malgas-
ta mucha energía en conseguirlo. Por eso no le quedan
fuerzas suficientes para rodar la piedra hasta la cumbre.
Y claro, se para cuando ya está llegando a la meta y se
derrumba completamente. Todo esfuerzo es inútil. Hoy
podemos observar este mecanismo en muchas personas.
A menudo algunos ejecutivos de empresas me parecen
héroes típicos al estilo de Sísifo. Tienen que controlarse
para dar impresión de seguridad ante sus clientes y no
mostrar ningún punto débil. Unos toman psicofármacos
para aparentar seguridad, otros tratan de mantenerse en
forma con demasiado ejercicio físico. Pero siempre llega el momento en que la fachada se derrumba y todo el
sistema de control se viene al suelo.

Ahí está Procrustes, el descoyuntador de miembros,
como lo llama en la leyenda griega el ladrón de Damas-
co. Es un monstruo gigantesco y un salteador de caminos que hace prisioneros a los caminantes. Luego los
tiende en su lecho. Cuando el prisionero es demasiado
pequeño, le estira los miembros hasta que lo hace tan largo como el lecho. Y cuando es demasiado grande, se los
acorta para conseguir lo mismo. En cualquier caso, el
pobre caminante muere a manos de Procrustes. Con la
expresión «lecho de Procrustes» se denomina todo es-
quema preestablecido en el que uno trata de encajar a
presión. Para Rudin, Procrustes es el paradigma del perfeccionista, que «acorta bruscamente, silencia, dobla y

violenta todo lo que no se ajusta al lecho de Procrustes, a sus rígidos esquemas de pensamiento» (Rudin, 229).

Con frecuencia, a lo que tratamos de amoldarnos violentamente es a nuestra imagen ideal. Nos estiramos lo que haga falta para ajustarnos a las dimensiones de esa imagen ideal, de nuestro lecho de Procrustes. Y cortamos de un tajo todo lo que se opone o se sale de ella.

Quien adopta la actitud de Procrustes se destroza a sí mismo. No puede perdonarse que Dios lo haya hecho como es. Su ideal es más importante que la voluntad de Dios. No se preocupa por desarrollar la imagen que Dios le ha dado. Él tiene de sí su propia imagen. La ha recibido de sus padres o de sus maestros, o es fruto de su ambición, de sus sueños de una vida heroica. Pone todo su empeño en conformarse a esta imagen, bien estirándose, bien reduciéndose. Claro que con esta actitud corta de raíz muchas de sus posibilidades. Y muchos se verán tan presionados que morirán por sobreestiramiento.

Hércules venció a Procrustes, lo tendió en su propio lecho y acortó sus miembros hasta que pereció miserablemente. Con su mensaje, Jesús venció al Procrustes que estaba encarnado en la ley judía. Él mira a cada persona para descubrir lo que le va bien. Sus normas no son iguales para todos, sino que estudia detenidamente a cada uno por dentro para ver qué es lo que realmente le conviene. Es el caso del joven rico, que hubiera florecido esplendorosamente si hubiera sido capaz de renunciar a su riqueza (cf. Mc 10, 17s).

Tántalo es otro héroe griego. Es hijo de Zeus, padre de los dioses, que le colma de riquezas y le invita al banquete de los dioses. Allí bebe Tántalo el néctar dulce como la miel y come ambrosía, el manjar divino que da la inmortalidad. Tántalo se vuelve orgulloso y se jacta de los secretos que los dioses le han confiado. En su petulancia quiere saborear la omnisciencia de los dioses, mata a su hijo Pélope y se lo presenta a los dioses como comida. Sólo Démeter come de los hombros con tristeza por su hija Perséfone; los demás dioses reconocen al hijo asesinado y lo recomponen haciéndolo mucho más bello que antes. A Tántalo se le castiga enviándolo a los infiernos, donde tiene que soportar tres clases de sufrimiento. En medio de un inmenso calor se halla en un estanque de agua cristalina, pero cuando se inclina para beber el agua se retira. Tiene un hambre terrible; sobre su cabeza hay ramas cargadas de peras, manzanas e higos muy apetitosos, pero cuando quiere agarrar alguna de estas frutas un viento huracanado las empuja hasta las nubes. Por último, sobre él pende una piedra enorme que continuamente amenaza desprenderse y destrozarle.

Tántalo es el paradigma de aquellos que creen que todo les está permitido. Tal sobrevaloración de sí les lleva a ser crueles consigo mismos. No son conscientes de sus límites. Retan a Dios situándose por encima de todas las leyes. Pero esa supervaloración de sí mismos les provoca los terribles sufrimientos de Tántalo, que jamás podrán calmar. Todo lo que intentan adquirir para calmar su hambre y su sed se retira. Hay personas que en medio de la abundancia se mueren de hambre y de sed porque son incapaces de vivir el presente y de saborear lo que se les ofrece, pues siempre quieren más. En lugar de aceptar la vida que se les ofrece, se alejan de la vida. Según este mito, los que sobrepasan la propia medida se comportan mal consigo mismos.

Tántalo es también un paradigma de la persona codiciosa, al menos para Schellenbaum. El hecho de dar a su hijo como comida a los dioses es una buena muestra de su desmesura. «Su desmesura le lleva a destruir su propia carne y sangre –tremendo signo de autodestrucción– y por eso se le castiga a ir a los infiernos. El codicioso abusa de su cuerpo hasta acabar con él y por ello se le castiga incapacitándole para disfrutar» (Schellenbaum, 124). La codicia hace imposible el auténtico disfrute. El codicioso «quiere apoderarse del placer, pero su satisfacción es nula. En esto consisten los dolores tantálicos del hombre codicioso» (*ibid.*, 124). Los hombres codiciosos nunca están contentos. Siempre creen que la gente se ha quedado corta con ellos, aunque hayan consumido lo mejor y lo más caro. Les es imposible vivir y disfrutar el presente, y por eso se muestran siempre insaciables. Mientras gozan de algo, están ya pensando en otro disfrute mayor, y claro, así se están haciendo daño, están siendo crueles consigo mismos y se están procurando los sufrimientos de Tántalo. Están condenados a pasar de largo por la vida, a perseguir codiciosamente el disfrute y, sin embargo, a no poder disfrutarlo.

Prometeo es sin duda el Titán más conocido. Es nieto del divino Urano. Formó a los hombres y se preocupó por ellos. Cuando los dioses plantearon sus relaciones con los mortales, Prometeo probó a los dioses con una artimaña. Por eso Zeus lo castigó y quitó al hombre el fuego, el último don que le había hecho. Entonces Prometeo lo robó. En castigo se envió a Pandora a vivir entre los hombres y sacó de su caja toda clase de desgracias para ellos. Hefesto (Vulcano) encadenó a Prometeo a una roca vertical del Cáucaso y su pecho fue atravesado por una aguja de diamante. «Zeus enviaba todos los días un águila para que comiera del hígado del encadenado. Pero este volvía a crecer, de manera que su sufrimiento no tenía final» (Schwab, 15). Hércules le liberó treinta años después. Prometeo es el paradigma de los hombres que creen que pueden robar a Dios lo que quieran. No son humildes ni tienen respeto a Dios. Todo hombre que se empina sobre sí mismo termina precipitándose en su propia prisión. Está encadenado a la piedra de su mortalidad. Y quien se rebela contra Dios será herido por la vida, todos los días vendrá el águila a comer su hígado. Rebelarse contra Dios es rebelarse contra la vida, es herirse a sí mismo, es encadenarse a las rocas, desde donde lo único que se puede hacer es mirar impotente cómo la vida pasa ante tus propios ojos.

Prometeo es el paradigma del hombre que cree que todo lo puede por sí mismo. Para él, sobran los dioses y también su bendición. Personas así, como Prometeo, las hay ahora más que antes. Ahí tenemos al hombre occidental, que se cree capaz de hacer del mundo lo que le viene en gana porque tiene poder sobre él. No encuentra motivos para respetar el orden que Dios ha dado a la tierra. Prometeo robó el fuego con el que se puede acabar con este mundo. Los ejércitos disponen actualmente de bombas atómicas que pueden destruir el planeta mucho más que el fuego. Y ahora existen también muchos hombres que juegan con fuego, que pueden desencadenar un conflicto militar sólo para realizar sus deseos.

Las personas como Prometeo creen que en su esfera privada pueden ser dueñas de su vida, que pueden hacer los planes que quieran. Así pues, la vida seguiría el curso que ellas le trazaran de antemano. No cuentan desde luego con que Dios se les puede cruzar en sus proyectos. Hay algunos que viven alienados, que no están en contacto con su inconsciente, que todo lo planean a base de razón y voluntad, y que apenas hacen sitio al corazón. Antiguamente el hígado se consideraba la morada del sentimiento. Así, cuando el águila devora el hígado de Prometeo le está hiriendo precisamente donde radican los sentimientos. El hombre prometeico, ajeno por completo a sus sentimientos, está permanentemente condenado a confrontarse con ellos. Pero esos sentimientos están heridos, torturados, devorados. La función del hígado es desintoxicar. Tiene la misión de distinguir lo que podemos tolerar y lo que puede intoxicarnos, y se pone enfermo si ingerimos demasiada grasa o demasiado alcohol. Dethlefsen cree que el hígado reacciona a la desmesura y a la fantasía desaforada del hombre poniéndose enfermo, y así le invita a evitar el exceso (cf. Deftlefsen, 193). Prometeo, con su hígado devorado, es el paradigma de la persona que ya no sabe lo que es bueno, y que se perjudica con su desmesura y sus fantasmagorías.

Faetón le pide a su padre Helios, dios del sol, una señal con la que pueda demostrar a sus compañeros de juego que es hijo suyo. Su padre le promete concederle una gracia. En su ignorancia, el joven solicita que le deje guiar el sol durante un día. El padre le implora que desista, pues eso es excesivo. «Pero Faetón siguió impertérrito en su petición irracional. Sólo porque lo había jurado, Helios le llevó al tiro que destellaba de oro, plata y joyas» (Schwab, 21). Faetón no puede dominar el tiro y el carro del sol se acerca demasiado a la tierra. Los caballos van a galope por todo el mundo y bajo ellos arden los bosques, hierve el agua del mar y las ciudades se queman por todas partes. Con un rayo, Zeus desmonta del carro al temerario jovenzuelo, que se sumerge en una corriente envuelto en llamas.

Faetón es el paradigma del hombre que se encadena a sí mismo, que por haber expresado un deseo, se obstina en él para siempre. No tolera que nadie le aconseje, ni siquiera su buen Padre. Esa terquedad indica una gran dureza consigo mismo. No se permite ni un solo fallo ni dejar sin cumplir un deseo; para él no tiene sentido que se abandone un plan, lo cual le lleva a la perdición. Considera síntoma de debilidad y de inconstancia no mantener la palabra, el deseo y el plan. Pero semejante terquedad ofusca todo razonamiento. Con frecuencia estas personas se aferran a sus deseos y planes, y se prohíben a sí mismas variarlos. Prefieren que su vida sea un fracaso total a admitir un error, a cambiar de dirección las veces que sea preciso. Se quedan, pues, con la impresión de que todo va a acabar muy mal, de que este es el destino de su carrera. Muchas personas no quieren descubrir a los demás sus puntos flacos y prefieren acabar en la ruina. Sus amigos se sienten a veces impotentes: prevén su terrible final, pero son incapaces de hacérselo ver, de hacerles rectificar y de moverles a tomar la decisión que les conviene.

Otra forma de crueldad es embriagarse con la propia grandeza. Muestra de ello es el mito griego de Ícaro y Dédalo. Dédalo, padre de Ícaro, era un famoso arquitecto que se mostraba incapaz de aguantar a nadie junto a sí. Por esta razón mató a Talos, hijo de su hermana, que trabajaba con éxito en su taller. El rey Minos lo llamó a Creta para que construyera el famoso laberinto. Una vez terminado, Dédalo quiso marcharse, pero el rey le obligó a permanecer. Entonces, para poder huir, construyó unas alas con plumas y cera para su hijo y para él, y echaron a volar sobre el mar. El padre aconsejó al hijo que no volara demasiado bajo, para no caer al agua, ni demasiado alto, para no quemarse con el sol. Al principio Ícaro volaba con precaución, pero luego se dejó embriagar por ese vuelo tan suave, se olvidó de la advertencia de su padre y empezó a elevarse. Cuando se dio cuenta de que el sol estaba derritiendo la cera de sus alas, ya era demasiado tarde. Desesperado, batió con fuerza sus brazos en el aire, pero no pudo evitar precipitarse en el mar como una piedra. Dédalo lo vio, aterrizó en la isla más próxima y esperó a que el mar empujara el cadáver de su hijo hasta la costa. Y allí permaneció triste el resto de su vida, hasta que la muerte le liberó de su melancolía.

Ícaro y Dédalo se comportan cruelmente consigo mismos. El padre no aguanta a nadie a su lado. Al matar a su compañero de trabajo, asesina su propia alma, y ya sólo puede vivir huyendo. Sus éxitos pueden hacerle olvidar por algún tiempo el vacío de su vida, pero al final le alcanza inexorable su destino. Cuando muere el hijo en quien había puesto todas sus esperanzas, ya sólo le queda languidecer lleno de tristeza.

Que el comportamiento de Dédalo con su hijo ha sido realmente cruel, no puede dudarse. De lo contrario, Ícaro no se habría emborrachado con sus facultades y posibilidades. El padre, que no aguanta a nadie a su lado, quiere ver a su hijo en lo más alto, por encima de todos. El hijo querría superar al menos en algo a su padre, ante quien nunca ha tenido la más mínima oportunidad de acreditarse. Vivir sin oportunidades ante su padre le impide saber realmente hasta dónde es capaz de llegar. Se queda, pues, sin referencia, y por eso fracasa.

En la actualidad encontramos a muchos «aventureros del cielo» como Ícaro, que, plenamente confiados en sus propias posibilidades, se estrellan bruscamente contra el suelo. En política y en economía hay también muchos aventureros del aire que trepan por sus vericuetos mucho antes que otros. Pero tan rápidamente como han subido vuelven a caer y se hunden en el abismo. Cuando la prensa aúpa demasiado pronto a la fama a un joven deportista, lo que hace es perjudicarle, pues no le deja tiempo para ir progresando poco a poco. Y es que todo el mundo espera de él unas prestaciones tan grandes que es imposible que un joven deportista las logre en tan poco tiempo. Algunos aventureros desde muy jóvenes ganan mucho dinero en la bolsa, pero llegan a perder el sentido de la medida y terminan en una verdadera catástrofe, a la que arrastran también a su familia.

Aventureros, arribistas, los encontramos también en la espiritualidad. Algunas personas se fijan altos ideales y, ebrias de experiencias espirituales, creen que pueden llegar cada vez más alto, que pueden acercarse cada vez más a Dios y sentirle sólo a él. También hay jóvenes que hacen demasiado pronto planteamientos muy extremos. Debido a sus experiencias espirituales están tan entusiasmados que se olvidan de ciertas realidades la vida. Corren un tupido velo sobre sus sombras, pero inevitablemente son absorbidos por ellas. Algunos jóvenes piensan que, si optan por Cristo y se convierten, nada podrá sucederles, ninguna crisis se interpondrá en su camino; la fe les ayudará en esta tarea. Estos «aventureros del cielo» se saltan su propia realidad, está claro que no se toman en serio su propio cuerpo. Olvidan que no sólo son hijos del cielo, sino también de la tierra. Únicamente podemos subir hasta Dios si tenemos el valor de bajar a lo más hondo de nuestra realidad, a la oscuridad de nuestras sombras. La opción por Dios que hemos hecho en nuestra juventud tenemos que mantenerla en los altibajos del día a día y de las distintas etapas de la vida, y ratificarla permanentemente, a cada instante.

Niobe representa otro paradigma de la autodestrucción. «Niobe estaba orgullosa de los dones que había recibido de los dioses sin mérito alguno por su parte. Estaba orgullosa de su prudencia y de su belleza. También lo estaba de su padre Tántalo, que era amigo de los dioses y participaba en sus banquetes celestiales. Y también de su marido, a quien las musas le habían dado el arpa mágica, a cuyo toque se habían construido las murallas del castillo real de Tebas. Pero de lo que más orgullosa estaba era de sus catorce hijos; sus siete fuertes hijos y sus siete hermosas hijas llenaban de alegría su corazón. Se consideraba la más feliz de todas las madres y de todas las mujeres. Pero este orgullo le trajo la perdición» (Schwab, 56). Cuando las mujeres tebanas quisieron adorar a la diosa Leto y a sus gemelos Apolo y Artemisa, las incitó a que la adoraran a ella y a sus catorce hijos, porque se lo merecía mucho más que Leto, que sólo tenía dos. Esto provocó la ira de la diosa. Entonces esta, con la ayuda de sus dos gemelos, la aniquiló junto con sus catorce vástagos. «Sola y pronunciadamente encorvada, la antes orgullosa Niobe se sentó en medio de los cadáveres de sus niños. Su sufrimiento era enorme y estaba como petrificada. Se convirtió en una piedra, pero sus lágrimas no cesaban. Brotaban sin cesar de sus ojos de piedra, que antes habían mirado orgullosos la belleza y la felicidad de su familia. Un huracán levantó la piedra por los aires y la llevó secuestrada a la patria de Niobe, a los montes de Lidia. Todavía se la puede ver allí entre los peñascales, en rocas de mármol con rostro humano. De sus ojos fluyen lágrimas sin fin. Y nadie puede consolarla» (*ibid.*, 58).

Niobe no está en sí. No siente su vida, sino que se enorgullece de lo que ha recibido sin mérito por su parte, a saber, de su padre, su marido y sus hijos. Construye su vida sobre los demás. Se define por sus hijos, por su belleza, por lo que tiene. No tiene apoyo en sí misma, no tiene identidad alguna, está vacía y aburrida. Su identidad le viene de lo que tiene. Quien no recorre el camino hasta lo más hondo de su alma para conocerse y para descubrir la imagen de Dios que hay en él, queda excluido de la vida. No tiene acceso a sí mismo y por eso tampoco puede acceder ni a la vida ni al amor.

La autodestrucción puede verse también en otra actitud de Niobe. Ella se compara con la diosa Leto y cree que, al tener tantos hijos y tan hermosos, merece ser adorada mucho más que ella, que sólo tiene dos gemelos. A causa de esta comparación le resulta muy difícil vivir. «La necesidad de compararse se debe a ideas que la alejan del presente», afirma Schellenbaum (112). Esta tendencia a comparar aflora en nuestro lenguaje coloquial. En él todo tiene que ser «súper». «La necesidad de compararse hace que sea imposible una relación fluida con los demás y empuja al aislamiento. Es como si el sentido de la vida viniera de fuera» (*ibid.*, 113). El que se compara con otros siempre cojea de alguna pierna, porque los otros siempre tienen algo que a él le falta. Para poder mantener el tipo en la comparación, tengo que fijarme en mis propios valores y cerrar los ojos ante la riqueza de los otros. Niobe no tiene en cuenta que Leto es una diosa. Lo único que ve es que sólo tiene dos hijos frente a los catorce que ella ha traído al mundo. Es incapaz de ver lo que vale Leto porque está ciega y poseída por los celos. La necesidad de compararse lleva con frecuencia a utilizar un lenguaje realmente exagerado. «En nuestra vida todo tiene que ser 'súper'. ¿Dónde está, pues, lo pequeño, lo insignificante, lo que no llama la atención? Y sobre todo, ¿cuántos rivales tenemos que poner fuera de combate para poder seguir siendo 'súper'?» (*ibid.*, 113).

Como Niobe sólo se afirma desde fuera, porque sólo se define comparándose con otros, no puede soportar el dolor que le infligen los dioses. También este le viene de fuera. No es cosa suya y por tanto apenas podrá cambiarla. No puede manejar el dolor, porque el dolor es lo que la identifica. Se petrifica. La necesidad de compararse y de evaluarse constantemente termina por destruirla, por petrificarla. De su rostro de piedra fluyen sin interrupción lágrimas. Pero esas lágrimas no son en ella signos de vida, sino muestras palpables de su vacío interior. Las lágrimas pueden transformar el dolor en vida, incluso en alegría. Pero las de Niobe, que fluyen como automáticas de sus ojos, son signos de muerte. El rostro, que expresa nuestras simpatías y antipatías, está petrificado. Los ojos se han vuelto rígidos, ya no pueden mirar a nadie a los ojos. Quien vive comparándose siempre con los demás tiene sus ojos ciegos. No pueden ver nada porque sólo miran hacia sí mismo.

Estos son algunos ejemplos de héroes griegos. Los filósofos griegos tenían razón cuando interpretaban alegóricamente las historias de los dioses y de los héroes, cuando veían en ellas un profundo significado. Las leyendas griegas reflejan los éxitos y fracasos de la vida humana. Como los cuentos de tiempos posteriores, rebosan sabiduría. A través de los héroes a que nos hemos referido –los cuales fueron castigados todos por sus erradas actitudes ante la vida–, las leyendas nos muestran algunas formas de autodestrucción que también ahora podemos observar con frecuencia en nuestro mundo. Nos dicen cómo acaba la persona que se construye sólo con sus fuerzas, que quiere controlar y tener todo en su mano, que no deja de compararse con los demás, que se mantiene tercamente en las decisiones que tomó una vez y sólo se define desde fuera.

3. *Rigorismo en la vida espiritual*

En muchas personas espirituales podemos observar
formas de rigorismo en el trato consigo mismas y también frecuentemente en el trato con los demás. Este trato
duro consigo mismo se da nada más cometer una falta o
cuando se siente culpable. Muchos cristianos creen en la
misericordia de Dios, pero esta fe no influye nada en su
vida cuando contraviene sus normas. Entonces afloran las
peores autoinculpaciones. Lo digo por propia experiencia. Aunque sé que puedo permitirme fallar porque Dios
me acepta como soy y me perdona, me juzgo duramente
cuando vuelvo a cometer una falta, cuando vuelvo a hablar mal de otro aunque he hecho el propósito de no volver a hacerlo. Me insulto y me digo: «¡Vaya, otra vez!
Deberías haberlo evitado. Tendrías que haberte esforzado
más. Tienes que poner más interés. No sirves para nada.
A ver si te dominas». Autoinculpaciones así surgen en mí
cuando no me controlo y tomo chucherías por la tarde o
me dejo llevar por otros caprichos. Todo lo que yo pueda
haber dicho hasta entonces sobre cómo comportarse correctamente con las pasiones no sirve para nada. De lo
profundo de mi ser emerge ahora la dureza de antes. Y
por mucho que me diga que mis pasiones pueden llevarme a Dios, siempre abrigo la ilusión de llegar a dominar-
las por completo algún día, de acallarlas. Reconciliarse
con las propias faltas y debilidades, con las propias pasiones, llevarlas amistosamente en vez de gritarles y reprimirlas, es un proceso que dura toda la vida.

Sobre todo no tenemos piedad con nosotros mismos
cuando somos culpables. Nos destrozamos fomentando
sentimientos de culpa, nos consideramos los mayores pecadores y hasta llegamos a castigarnos por ello. Josef Ru-

din, teólogo suizo que enseña en el Instituto C. G. Jung, ha descrito con mucha exactitud cómo precisamente el perfeccionista se mueve continuamente en el círculo de la culpa y del sentimiento de culpabilidad: «El complejo de culpabilidad de los perfeccionistas se pone en funcionamiento donde hay sombras de culpa, donde están en juego debilidades, errores humanos y pequeñas insignificancias cotidianas. Siempre y en cualquier parte cabe la posibilidad de ser culpables, de resbalar en el camino de la vida y de manchar el blanco vestido aparentemente deslumbrante. El perfeccionista siempre tiene miedo de verse envuelto en culpabilidades» (Rudin, 212). Sus angustias de culpabilidad le atormentan por doquier. Examina todas sus acciones para ver si no se ha deslizado entre ellas algún resto de culpa. Después de conversar con alguien se pregunta si no ha sido egoísta, si de verdad su punto de vista ha sido equilibrado. Pero lo peor es que el perfeccionista no admite ninguna culpabilidad personal relacionada con su culpabilidad real, cuando se le dice, por ejemplo, «que es un egoísta, que en la única cosa que piensa es en tener su conciencia tranquila» (*ibid.*, 213). «Al perfeccionista, esto le hiere en lo más profundo y le molesta enormemente, es para él una tremenda humillación, casi un aniquilamiento, pues ha hecho un gran esfuerzo para vivir una vida plena e inocente. Todo en él se resiste a asumir una culpa real, pero desde hace años soporta culpas imaginarias» (*ibid.*, 214). El hombre normal que conoce sus fallos y debilidades, se asombra de que el perfeccionista esté tan obsesionado con sus sentimientos de culpabilidad, pero que no sea capaz de asumir su culpa real. El perfeccionismo es «una enfermedad que convierte a los hombres en seres atormentados y angustiados, aplastados bajo el peso de sus sentimientos de culpabilidad» (*ibid.*). El perfeccionista es muy cruel consigo mismo a causa de la culpa. Nunca puede estar contento porque siempre olfatea alguna culpa y su angustiosa culpabilidad le hace sufrir tanto que jamás está tranquilo.

He acompañado a un sacerdote que hablaba mucho y con mucha convicción de la misericordia de Dios, pero que a la vez creía que tenía que ser poco misericordioso consigo mismo. No disponía ni de un solo instante para él. No se permitía afición alguna, porque tenía que estar siempre a disposición de los demás. Si por casualidad le quedaba un minuto libre, enseguida pensaba si no sería mejor ir a visitar a los enfermos del hospital antes que dedicarse un rato a sus cosas. Y como siempre se presentan ocasiones de amar al prójimo, se exigía siempre el máximo en este punto y se abandonó a sí mismo por completo. No reservaba tiempo ni para organizar su casa. Y cada día se sentía más molesto. Pero no se atrevía a pedir a su madre que le ayudara, por no molestarla. Tras muchos años haciéndose daño por empeñarse en satisfacer los deseos de su madre, se decidió a buscar ayuda.

Nuestro amor al prójimo encubre muchas veces una actitud dura para con nosotros mismos. En ese caso no sirve de mucho decirse que hay que amar al prójimo como a sí mismo, que sólo se puede amar al otro si uno se ama a sí mismo. El conocimiento por sí solo no sirve para nada por la profunda desconfianza que sentimos hacia nosotros mismos y hacia nuestros deseos. Más de uno se sacrifica por sus padres ancianos sin darse cuenta de la agresividad que esa actitud desencadena en él –agresividad contra sus padres y contra sí mismo– porque no se atreve a actuar como le dictan sus sentimientos.

Una ascesis mal entendida puede volver a uno agresivo contra sí mismo. Nuestra tradición occidental ha entendido el concepto griego de ascesis (que significa ejercicio, entrenamiento para conseguir ciertas destrezas, para progresar interiormente) de forma negativa, a saber, como mortificación. La misma palabra expresa ya agresividad: algo en nosotros ha de ser matado, eliminado, violentamente suprimido. Lo que se pretende entonces con la ascesis es dominarse a sí mismo, ser dueño de todos los pensamientos, sentimientos y pasiones. Muchos conciben su ascesis como si se tratara de una alta competición. Cada vez ponen el listón más alto para ser cada vez más dueños de sí mismos. Por desgracia, la ascesis es para muchos cristianos una especie de tiranía sobre las propias necesidades y deseos.

Decía Henry Bremont que el ascetismo exagerado es tan peligroso como el hedonismo. La creencia de qué renunciar es siempre mejor que disfrutar no tiene nada que ver con el mensaje de Jesús. Aunque igual de negativa es la postura que piensa que mi vida espiritual siempre me tiene que servir para algo, que siempre he de tener sentimientos fantásticos. El hedonismo puede presentarse con otros ropajes. Por ejemplo, lamentándose de lo difícil que es todo. Muchas personas adoptan ahora dolorosamente la actitud ascética de otros tiempos: «No hay nada que hacer. Así me han educado. Es todo muy difícil. No puedo cambiar de la noche a la mañana. No tengo más remedio que aceptarme como soy». En esta actitud hay mucho de desesperanza, de ausencia de autoestima y de agresividad hacia sí mismo. Una ascesis auténtica adopta, por el contrario, una actitud positiva frente a uno mismo.

La comprensión equivocada de la ascesis griega como mortificación ha causado mucha infelicidad en Occidente. La ascesis mortificante ha perjudicado a menudo al hombre, porque le ha dado muchos consejos sin tener en cuenta su estructura espiritual. «A la luz de los actuales conocimientos de psicología profunda, muchos consejos ascéticos no sólo resultan inoperantes, sino que ponen directamente en peligro la salud espiritual» (Rudin, 186). Cuando sólo se actúa sobre los síntomas y no se identifican sus causas psicológicas, «esa ascesis funciona como un formidable aparato represivo con todas sus funestas consecuencias» (*ibid.*, 187). La ascesis ciertamente puede ser combativa. Pero debe tener en cuenta la naturaleza del hombre. Y esta tiene muchos estratos. El que se mortifica sin tener en cuenta la naturaleza humana, da entrada en escena a «la ley del 'contrapeso' de los instintos... Si se reprimen los instintos sexuales en vez de educarlos, puede que comience a aflorar un impaciente e incluso agresivo afán de prestigio, que a veces se camufla con motivos religiosos» (*ibid.*, 197). También hoy la gente se interesa por la ascesis. Pero ésta no debe luchar contra la persona, sino que tiene que estar a su favor. Y para ello debe asimilar los conocimientos psicológicos que son patrimonio de todos. Porque si no, nos perjudica y nos lleva al bloqueo de la vida espiritual, a la esterilidad religiosa y a la parálisis psíquica (cf. *ibid.*, 187).

La perversión de la ascesis en el cristianismo se ha producido sobre todo por culpa de los perfeccionistas, que han entendido mal las palabras de Jesús: «Sed perfectos como vuestro Padre celestial es perfecto» (Mt 5, 48). Cuando Jesús afirma que hay que ser perfectos, quiere decir ser plenos, no indefectibles. El perfeccionista quiere parecerse a Dios más cada día. Quisiera identificarse con él. Pero la identificación con Dios como máximo paradigma puede introducir a la persona en «una especie de espiral de exigencias cada vez más altas consigo misma, de opresiones dolorosas y de sentimientos depresivos de inferioridad» (*ibid.*, 174). El perfeccionista se ha construido un sistema de presión que se manifiesta en exigencias de renuncia muy concretas y en un gran número de oraciones y de ritos. Los perfeccionistas «se imponen la observancia de una serie de oraciones y de buenas obras tan rígida como pedante, cuyo cumplimiento es el objetivo de su vida. Este ritual somete al hombre, no lo libera, sino que cada día le infunde más terror, acrecienta poco a poco el número de ritos o al menos exige un cumplimiento cada vez más intenso» (*ibid.*, 225). Si el sistema coercitivo consta de exigencias cada vez más altas, termina con frecuencia en un diletantismo ascético. Cuando no se tiene en cuenta la estructura del alma humana, algo termina por forzarse. Cuando se desconoce la vida instintiva y las necesidades del cuerpo, sólo se piensa en la mortificación. La consecuencia es que los instintos reprimidos retornan y constantemente piden la palabra o como tentación o como síntoma neurótico. «Con una hábil acrobacia de la voluntad las tentaciones son rechazadas, las necesidades del alma ignoradas, los impulsos del sentimiento sometidos» (*ibid.*, 227). La consecuencia de todo esto es una persona sin sangre, sin alma y sin espíritu. Lo que queda es un alma náufraga. La ascesis se convierte en muerte, en autodestrucción.

Con ello, los hombres han matado sus pasiones, sus necesidades. Y lo hicieron como si les diera absolutamente lo mismo comer una cosa que otra. Ya no querían disfrutar en absoluto. Pero quien rechaza todo placer se vuelve insoportable y agresivo. La prohibición absoluta del placer esconde mucha agresividad. El mundo es decididamente perverso; no debemos ponerlo a nuestro servicio, no debemos disfrutarlo. El hombre está ahí para ofrecer sacrificios, no para disfrutar ni para tener una vida hermosa. A esta actitud condujo también una falsa inteligencia de la pasión de Jesús. Que el sufrimiento forma parte de la vida es evidente, pero no podemos ir por la vida buscando el sufrimiento. Dios nos ha creado ante todo para vivir. Y Jesús ha venido para darnos la vida en plenitud. Pero quien quiera vivir de verdad, tiene que estar también preparado para decir sí a lo que le crucifica, al sufrimiento que puede salirle al paso. El que dice sí a su cruz, también puede disfrutar de la vida. No tiene por qué vivir siempre angustiado pensando que Dios puede quitarle alguna vez todo lo que tiene. Esta es una actitud típicamente pagana, tal como se presenta en la lucha de Polícrates. Polícrates tiene la sensación de que nunca podrá ser feliz, de que tras la felicidad viene necesariamente la desgracia. Por eso no puede alegrarse con su felicidad. En cristiano, se trata de alegrarnos por lo que Dios nos regala, sabiendo que también nos lo puede quitar, pero sin la angustia de pensar que nos lo arrebatará algún día porque no nos permite la felicidad.

Una religiosa que sufría dolores de espalda descubrió que sus tensiones no eran sólo corporales, sino también expresión de su crueldad consigo misma. Había expulsado de su interior todos los pensamientos no cristianos. Tuvo, pues, que contraer todos sus músculos para impedir que afloraran aquellos sentimientos y pasiones que consideraba incompatibles con su condición de religiosa. Había intentado acabar con sus problemas intensificando su oración. Pero incluso en su propósito de rezar y meditar más, percibió cierta dosis de agresividad. Rezar más siempre es bueno, pero cuando uno trata de erradicar bruscamente de sí mismo todo lo negativo, termina esclavizándose. La hermana pensaba que debía dominarse utilizando la violencia. Y toda su religiosidad no era sino la expresión de esta violencia para consigo misma.

No es tan sencillo descubrir la autodestrucción en una vida de piedad intensa. Uno se cree que es bueno, que lo único que quiere es cumplir la voluntad de Dios. Y con oraciones y renuncias intenta progresar en el camino interior. Todo esto está lleno de buenas intenciones, pero eso no significa que sea siempre bueno. Pues con nuestra buena voluntad a menudo nos saltamos nuestra propia realidad. Y no nos fiamos de que para Dios todo lo que hay en nosotros tiene un sentido y que él puede cambiar todo lo que constituye nuestro ser. Creer que Dios puede cambiarnos no nos exige que tengamos todo bajo control, sino que le ofrezcamos honradamente lo que hay en nosotros. No se trata de elegir entre trabajar activamente en sí mismo o adoptar la actitud pasiva de dejar pasar. Ser piadosos exige siempre que seamos activos. Y nuestra actividad consiste precisamente en estar atentos a nuestros pensamientos y sentimientos, a nuestras pasiones y necesidades, a nuestras angustias y anhelos, para presentarlos ante Dios, hablando con él para saber qué quiere decirnos con ello, para conocer cómo quiere que seamos.

Un sacerdote que había sido educado por una madre angustiada, religiosa y extraordinariamente conservadora, se dio cuenta de que en su religiosidad había una gran dosis de agresividad. Creía que debía rezar sin descanso. Cuando paseaba en bicicleta por los alrededores, sólo se sentía satisfecho si rezaba por lo menos tres rosarios. Todo lo que hacía debía tener un contenido religioso, pues de otro modo no le parecía bueno. Tuvo que aprender poco a poco a disfrutar de la bicicleta, a dar gracias a Dios por su maravillosa creación. Y se dio cuenta de que pedalear agradecido por la creación es otra forma de orar sin tener que recitar tantos rosarios. Una religiosidad así es síntoma de una gran desconfianza hacia el hombre, la cual lleva a pensar que es malo, y que sólo es bueno si hace muchas cosas, si reza muchas oraciones y realiza muchas prácticas religiosas.

Otra forma de violencia contra sí mismo es infravalorarse. Muchas veces se cree que eso es humildad. Pero ser humilde es tener el valor de reconocer la propia verdad, es atreverse a bajar a lo más hondo y sombrío de uno mismo y reconciliarse con las zonas oscuras del propio ser. Sin embargo, humildad es aquí sinónimo de infravaloración. Uno se tiene por lo peor que puede existir, por el mayor pecador. Todo pensamiento es malo. No se ha hecho absolutamente nada. No se tiene nada que presentar ante Dios. Todos los pensamientos son satánicos y no se vale para nada. La infravaloración puede expresarse con frases como esta: «No intereso absolutamente a nadie. Soy tan aburrido que nadie me mira a la cara. Soy más lento que los demás. A uno como yo nadie le necesita. Soy una auténtica carga para todos. Soy incapaz de aportar algo a los demás». Estos y otros pensamientos parecidos pasan por muchas cabezas. Y muchos no se dan cuenta de lo crueles que son consigo mismos con estos desprecios. La infravaloración de uno mismo no es más que el reverso de su propia sobrevaloración. Como no se es el mejor, uno se considera el peor. El caso es ser siempre superlativo. Si no se es el más santo, por lo menos se es el más perverso. Uno se niega a ser una persona normal, con sus puntos fuertes y sus puntos débiles, con su lado positivo y su lado negativo. Reconciliarse con uno mismo y con su medianía sería humano, estaría a tono con Jesús.

En algunos casos esta infravaloración se hace de una forma muy sutil. Algunas veces uno no se tiene por el peor. Más bien cree que está en el buen camino. Pero cuando habla se nota que no muestra sus verdaderos sentimientos. Una religiosa cuenta cómo ha vivido un conflicto con una compañera. Se infravaloraba constantemente: «Esto no es correcto. No puedo manifestar mis sentimientos, porque son muy confusos. ¡Adónde voy a ir a parar si sólo vivo según mis sentimientos! Los otros siempre tienen razón. No puedo pensar así de ningún modo». Y no pensó que la compañera podía ser también culpable del conflicto, o que el problema podía no ser suyo. Lo que uno piensa sobre alguien no tiene ningún valor. El otro o la otra siempre tienen razón.

En ocasiones esta infravaloración se disfraza de autoinculpación. Cuando hay tensiones en la familia, en la empresa o en el grupo, uno se echa toda la culpa. Se rechaza toda reflexión objetiva sobre cómo ha surgido la tensión. Se está incondicionalmente dispuesto a cargar con toda la culpa. Hay personas que cargan sobre sí toda la responsabilidad de lo que pasa a su alrededor. Se echan la culpa de todo. He conocido a bastantes madres que se consideran las únicas responsables de todos los problemas que surgen en sus familias. Siempre excusan a sus maridos y a sus hijos. Y piensan que todo lo que pasa es sólo porque no son buenas madres.

Una forma de agresividad contra sí mismo es la actitud de cordero pascual. Sólo Cristo es el cordero pascual que quita el pecado del mundo. Cuando alguien se siente cordero pascual, no sólo hay en esa postura una agresión contra sí mismo, sino a menudo también contra los demás. El cordero pascual es para C. G. Jung un concepto arquetípico que no nos corresponde. Con él nos

elevamos sobre nosotros mismos. El que siempre carga
con todo, el que siempre echa sobre sus hombros los
problemas de los demás, se sobrevalora a sí mismo. Y es
muy duro consigo mismo. Sobre todo provoca malestar
en los demás, pues estos preferirían analizar el conflicto y solucionarlo entre todos, pero contra un cordero
pascual es imposible luchar. Porque le sienta muy mal.
Porque le vienen sentimientos de culpabilidad. El cordero pascual provoca en nosotros sentimientos de culpa y
así adquiere poder sobre nosotros. Precisamente en este
poder sobre los otros se manifiesta la actitud agresiva
del cordero pascual.

Igual que con el cordero pascual, tampoco nos sentimos a gusto con aquellos que encarnan los «sufrimientos de Cristo». El que va por la vida con un aire de dolor
impide que los demás disfruten de ella. Una estudiante
me contó que en su residencia no podía silbar alegre-
mente por la mañana o presentarse a desayunar con gesto de alegría. Su compañera de estudios se pasaba toda
la mañana con una cara muy larga. Y además le repro-
chaba agresivamente que su alegría era una pura farsa.
Que con todos los problemas que hay, no se puede uno
reír de esta manera. Que todo es un teatro. Puede observarse, pues, cuánta agresividad se esconde tras esta apa-
riencia de dolor. Como ven que a tanta gente les es tan
difícil vivir, ellos se sienten obligados a renunciar a toda alegría y a mostrarse así de depresivos. Sólo así se
consideran honrados. Normalmente la depresión implica autoagresión. Pero siempre esconde también gran
cantidad de agresiones hacia fuera: hay que obligar a los
demás a reprimir sus sentimientos.

La misma enfermedad puede encubrir ambas cosas:
agresión contra sí mismo y agresión contra los demás.

Una alumna me contó que una compañera tenía frecuentes jaquecas. Con ello tiranizaba a toda la clase. La jaqueca puede deberse a una excesiva presión sobre sí mismo o a que se reprimen pensamientos y deseos. Puede ser, pues, consecuencia de una actitud dura consigo mismo. Pero también puede esconder un gran poder con el que se domina a los demás. Una estudiante me contó que su padre había sufrido un infarto. Y en la familia ahora nadie podía llevarle la contraria por miedo a que el infarto pudiera repetirse. Esto es un indicio de la gran cantidad de agresividad que puede ocultarse tras una enfermedad. Muchas enfermedades psicosomáticas son síntomas de agresiones contra uno mismo. La agresividad que se reprime se dirige hacia el propio cuerpo. Así dice Jürgen von Scheidt: «Toda enfermedad es en cierto modo autodestrucción» (Scheidt, 56).

Los ideales cristianos pueden malentenderse a veces y ser signos de agresividad contra sí mismos. La pobreza no es sólo un voto de los religiosos. Es una actitud de todo cristiano. La pobreza es el signo de nuestra debilidad y de nuestra dependencia de Dios. Desde una perspectiva social, abrazar la pobreza es estar dispuestos a compartir la vida y los bienes con los demás. Pero la pobreza se convierte a menudo en una actitud de negación de la vida. Algunas personas, cuando se dan algún gusto, les queda siempre mala conciencia. Y es que las necesidades que hay en el mundo son muy grandes. Conozco a jóvenes que ahorran todo su dinero con el fin de donarlo para los que pasan hambre en África. Un gesto que hay que aplaudir. Pero a veces este idealismo va unido a una actitud muy agresiva, porque si veo que alguno de los africanos a quienes he dado mi dinero se lo gasta en tomarse una cerveza, me sienta muy mal. Por

lo tanto, lo que he dado no es realmente un don, pues
con ello quiero conseguir una parcela de poder. Durante
unos ejercicios espirituales que dirigí en cierta ocasión,
conocí a un joven muy idealista. Se enfadaba constantemente porque se servía demasiada comida en la mesa.
Según él, con la mantequilla bastaba, pues la miel no se
necesitaba para nada. Una señora que comía bastante
rompió su silencio y le dijo: «¿Es que los demás tenemos que comer poco sólo porque tú quieres comer poco?». Una pobreza de esta clase puede esconder mucha
negación vital. Uno no come, pero tampoco deja comer.
Y cuando alguien se permite algún «exceso», le hace
sentirse culpable.

4. *Violencia contra las personas y las cosas*

En la prensa constatamos diariamente actos de violencia contra personas y cosas. La tendencia a comportarse violentamente contra las personas está adquiriendo
proporciones alarmantes. Comienza ya en la escuela.
El tiempo de contención para responder violentamente
quien nos ha ofendido es cada día más reducido. Nos
peleamos aun por diferencias insignificantes. Casi todos
los jóvenes que acuden a los cursos de nuestra abadía ya
han experimentado la violencia en la escuela, bien contra sí mismos, bien contra sus amigos. Las acciones violentas contra los inmigrantes han conmocionado a la
opinión pública, pero siguen produciéndose. Incluso en
algunas ocasiones, las acciones de los radicales de derechas son aplaudidas por quienes las presencian. Hay,
pues, una gran aceptación del comportamiento violento
para con los inmigrantes extranjeros. Pero hay otro fe-

nómeno igualmente preocupante. Cuando en el metro provocan o pegan a algún viajero, no hay quien intervenga. Todos miran hacia otra parte. No quieren saber nada del tema.

A plena luz del día un peatón le pegó un puñetazo en la cara a una religiosa que pasaba a su lado. Cuando la hermana se dio cuenta de que quien la había agredido era un enfermo psíquico y de que podía pasarle cualquier cosa, empezó a correr para evitar males mayores. Un grupo de estudiantes de formación profesional presenció la escena. La hermana gritó con todas sus fuerzas pidiéndoles auxilio, pero ninguno le ayudó. Finalmente se dirigió hacia una iglesia, pensando que en ese momento se estaría celebrando algún acto de culto, pero sólo encontró a una señora mayor, nadie más. Entonces el hombre la alcanzó. Y si en ese momento no hubiera llegado por pura casualidad el párroco, que practicaba artes marciales y pudo reducir de inmediato al agresor, la hermana hubiera sido asesinada. Durante algún tiempo le persiguió en sueños la escena de cuando pedía auxilio sin que nadie se lo diera. El hombre que la persiguió había violado ya a cuatro religiosas. Está claro, por tanto, que cualquier malhechor puede actuar hoy en pleno día y delante de cualquiera. La gente que pasa no protege de la violencia a nadie. Esto es espantoso. El anonimato social es bien evidente, así como la negativa a hacer algo por el otro. Este es claramente el clima en que la violencia puede prosperar.

Si nos preguntamos por las razones que impulsan a la violencia sobre todo a la gente joven, la mayoría de las veces es la propia experiencia de violencia, pues estos jóvenes han sufrido a menudo no violencia física, pero sí una terrible violencia moral. Sus padres no tienen tiempo

para ellos, les es imposible dialogar con ellos, no pueden
apreciar su especificidad ni su peculiaridad. No han to-
mado en serio sus necesidades ni sus sentimientos primigenios y se han entregado a sus necesidades. Cuando
a un niño no se le presta atención, lo primero que hace es
destruir algo para que alguien se fije en él. La violencia
muchas veces no es sino un grito en busca de respuesta:
«¿Qué es lo que tengo que destrozar para que os fijéis de
una vez en mí?». Cuando se hiere a los niños, cuando se
les toma a broma, no les queda más salida que convertir
su frustración en violencia.

Quien es violento con las personas o con las cosas,
es también cruel consigo mismo. Si golpeo a alguien,
destruyo siempre algo de mí mismo, hago trizas mi propia autoestima. Si me porto brutalmente con las cosas,
seré igual de bruto conmigo mismo. Las personas que
ya no tienen sentimientos pierden la relación consigo
mismas y con las cosas. Ya no se sienten a sí mismas y
las cosas que les rodean resultan insignificantes. El viejo carpintero de nuestro convento me vino una vez llo-
rando porque los alumnos habían destrozado violentamente la puerta que había hecho con tanto esmero. No
le cabía en la cabeza que alguien pudiera comportarse
así con la madera. La madera era para él algo vivo. Hablaba del destino de los árboles. Los alumnos no tenían
mala intención, sino que se comportaban así de brutalmente porque no tenían ningún trato con la madera y sobre todo con el hombre que había puesto tanto interés en
esta puerta.

Muchos psicólogos aseguran «que los sentimientos
agresivos son como el vapor de una caldera, que se va
acumulando hasta que acaba encontrando una válvula
de escape» (*Gewalt*, 45). El ser humano tiene que apren-

der a dar escape a sus agresiones hacia fuera, bien cortando madera, bien jugando al fútbol, bien viendo una película de intriga. La llamada teoría de la catarsis se remite a Sigmund Freud: «Freud creía en la fuerza purificadora y distensora de las exteriorizaciones de la agresividad, que hacen que el hombre se sienta mejor y además disminuya al mismo tiempo su inclinación a la violencia» (*ibid.*, 145). Sin embargo, algunos experimentos han mostrado que esta teoría resulta discutible. Hay personas que se atreven a insultar a sus jefes y eso les pone todavía más agresivas. Resulta evidente que, cuanto más se expresa la rabia con el insulto, más rabioso se pone uno. Desahogarse físicamente de la agresión corriendo en bicicleta, por ejemplo, puede ser muy provechoso. Pero algunos deportes explícitamente agresivos, como el rugby o el boxeo, apenas sirven para combatir la agresividad, pues la mayor parte de las veces lo único que hacen es avivarla todavía más.

Por eso hemos de emprender otros caminos para acabar con las agresiones. El castigo resulta poco útil frente a la agresión. «El refuerzo positivo de una conducta positiva es más eficaz para eliminar una conducta agresiva y violenta que la represión de una conducta negativa, es decir, que el castigo. Puede incluso que el castigo violento consiga lo contrario, a saber, que robustezca y no reduzca la inclinación a la violencia» (*ibid.*, 161). Numerosas investigaciones psicológicas han confirmado «que un proceso educativo basado en el amor y en la simpatía hace que se desarrolle en el niño una conducta no agresiva» (*ibid.*, 160). Para poner coto a la violencia en nuestra sociedad hay que acudir sobre todo a la educación. Cada niño es único y quiere que se le acepte y ame como tal. Y todo niño necesita la entrega sin condiciones de sus padres, necesita vivir la experiencia de que se le acepta incondicionalmente tal como es. Y asimismo tiene que experimentar que sus padres son capaces de soportar bien sus propias frustraciones, que no las resuelven castigando al niño –que es la parte más débil–, que no son unos perennes amargados de la vida.

Portarse bien con uno mismo

Frente a la postura agresiva consigo mismo y con los demás, la tradición cristiana nos invita a portarnos bien con nosotros, con los demás y con la creación.

Esta tradición hunde sus raíces en la Biblia. Toma en serio las afirmaciones de la antigua alianza en las que Dios se porta con el hombre como un padre o una madre y exhorta a vivir la vida en armonía. Y se encuentra también en el seguimiento de Jesús, que ha mostrado el rostro nuevo de la misericordia de Dios con el hombre. Los primeros monjes, a pesar de su radicalidad ascética, se mueven también en esta tradición. Nuestros antepasados están tan convencidos de lo que vale el hombre, que suspiran por Dios y comprueban cómo Dios cambia a quien se entrega enteramente a él. Ahora intentaremos buscar en la Biblia y en la tradición monástica las huellas de esta espiritualidad de la misericordia antes de explicar cómo un camino espiritual de esta naturaleza puede influir en nuestro comportamiento con nosotros mismos en la vida de cada día.

1. *La misericordia en la Biblia*

Dios se porta bien con nosotros y quiere que nosotros aprendamos a portarnos bien con él y con los demás. Este mensaje básico lo encontramos en muchos pasajes del Antiguo Testamento. El séptimo día descansó Dios de su trabajo, y quiere que nosotros disfrutemos también de este descanso. El sábado es un regalo a los hombres para que gocen del descanso y den gracias a Dios por la vida. Dios conduce a Israel desde la esclavitud de Egipto a la tierra prometida, donde manaba leche y miel. La vida que Dios nos promete es siempre el paradigma de la fiesta: «El Señor todopoderoso preparará en este monte para todos los pueblos un festín de manjares suculentos, un festín de vinos de solera, manjares exquisitos, vinos refinados» (Is 25, 6).

Los libros sapienciales están llenos de consejos para portarse bien con uno mismo, para que nos vaya bien, para que podamos gozar de la vida que Dios nos regala. Así lo cree el Eclesiastés, un libro que amalgama la filosofía popular griega con la tradición judía, cuando dice que lo que tenemos que hacer ante el Dios que escapa a nuestro entendimiento es disfrutar de la vida: «Anda, come tu pan con alegría y bebe con buen ánimo tu vino, porque Dios ha aceptado tus obras. Lleva siempre vestidos blancos, y que no falte el perfume de tu cabeza. Disfruta con la mujer que amas todos los días de la vida fugaz que te han dado bajo el sol» (Ecl 9, 7-9). La sabiduría de los refranes recogidos en el libro de los Proverbios o de Jesús Ben Sira, invita al hombre a triunfar en la vida: «La sabiduría instruye a sus hijos, advierte encarecidamente a los que le prestan atención. Quien la ama, ama la vida; quien la busca, es grato a Dios. El que la abraza, será honrado por el Señor y vivirá con la bendición del Señor» (Eclo 4, 11-13). Los mandamientos que Dios ha dado al hombre no quieren someterlo ni imponerle una conducta acorde con la voluntad de Dios. Los mandamientos de Dios proceden más bien de su sabiduría. Quien ayudar al hombre a vivir, a vivir como corresponde a su ser de hombre. Israel tiene que observar los mandamientos de Dios: «Guardadlos y ponedlos en práctica, ello os hará sabios y sensatos ante los demás pueblos, que al oír todas estas cosas dirán: 'Esta gran nación es ciertamente un pueblo sabio y sensato'» (Dt 4, 6).

En el Nuevo Testamento Jesús hace el bien a los hombres cuando les cura, les exhorta y les anuncia el alegre mensaje del Dios cercano y misericordioso. Lucas cree que el ser de Jesús fue hacer el bien y portarse bien con los hombres: «Ya conocéis lo que ha ocurrido en el país de los judíos, comenzando por Galilea, después del bautismo predicado por Juan. Me refiero a Jesús de Nazaret, a quien Dios ungió con Espíritu santo y poder. Él pasó haciendo el bien y curando a los oprimidos por el demonio, porque Dios estaba con él» (Hch 10, 37s). En su mensaje, sobre todo en las parábolas, Jesús enseña a los hombres cómo tienen que vivir para cumplir la voluntad de Dios y para conseguir la vida. Les libera del yugo de la ley y les muestra la voluntad de Dios de manera que puedan florecer con ella. La ley tiene que estar al servicio del hombre y no al revés: «El sábado ha sido hecho para el hombre, y no el hombre para el sábado» (Mc 2, 27). Lo que Dios quiere es que el hombre viva conforme a su ser, que viva de tal forma que haga visible a Dios en este mundo.

El que acoge la palabra de Dios con corazón abierto da mucho fruto, conseguirá la vida (cf. Mt 13, 8). Jesús quiere llamarnos a vivir desde la confianza. No debemos estar angustiosamente preocupados por ver cuánto fruto ha producido nuestra vida. Jesús compara el reino de Dios con un hombre que siembra su semilla en el campo.

«Duerma o vele, de noche o de día, el grano germina y crece, sin que se sepa cómo. La tierra da fruto por sí misma: primero hierba, luego espiga, después trigo abundante en la espiga» (Mc 4, 27s). Dios se preocupa por nosotros. Hace que crezca en nosotros el fruto si le dejamos que opere en nosotros, si nos abrimos a él. Tenemos que dejar de ir por la vida pensando si hemos hecho o no lo suficiente.

En algunas parábolas, y a partir de algunos proyectos de vida malogrados, Jesús nos enseña cómo puede prosperar la vida. Como los mitos griegos, nos muestra algunos hombres que se han malogrado por haber enfocado mal su vida. Cuando Jesús habla del infierno, del fuego y de las tinieblas, quiere decirnos lo siguiente: «Si vives tan al revés, si te portas tan mal contigo, tu vida será como un infierno, habrá en ti oscuridad, te sentirás vacío y reducido a cenizas por el fuego». En contraste con las posturas rigoristas, Jesús nos invita a una vida próspera y positiva para nosotros. Quizás cabría comparar a los héroes griegos con los hombres de los que dice Jesús que terminan en el fuego y en las tinieblas. Podrían observarse muchos paralelismos. El tercer siervo de la parábola de los talentos, por ejemplo, podría compararse con Sísifo. Este siervo entierra su vida. Quiere controlarla. No quiere cometer ningún fallo. Pero su perfeccionismo, su deseo de seguridad y su control hacen que deje pasar la vida, que se eclipse cada vez más. Cuando se compara con los que se arriesgan, con los que, confiando en el Señor, se embarcan en aventuras y se lo juegan todo, constata que su vida es un auténtico infierno, que está estancado dejando pasar los años. Pero el que arriesga su vida y la pone en juego, el que vive confiadamente, ese gana la vida. El que teme que Dios le va a castigar se queda vacío, su existencia será pura tiniebla, en ella habrá llanto y crujir de dientes. Jesús quiere decirnos que cuando nuestra imagen de Dios es falsa, que cuando Dios es para nosotros alguien tenebroso, severo y cruel, somos crueles también con nosotros mismos y destrozamos nuestra vida. Creer en un Dios que comparte sus bienes con nosotros y que nos confía su propia persona, lleva a vivir con confianza, a tener ganas de desarrollar las posibilidades que nos ha donado sin la angustia de que podamos perder algunas cosas. Precisamente porque podemos perder, porque podemos cometer errores, podemos arriesgar nuestra vida. La vida es plena cuando vivimos confiados y no angustiados, cuando arriesgamos esa vida que él nos ha dado tan copiosamente en vez de enterrarla para que no sufra ningún rasguño.

En la parábola del rey que invita a sus súbditos al banquete de bodas, se arroja a las tinieblas exteriores al invitado que se presenta sin el traje de bodas (Mt 22, 13). Este invitado representa a la persona que Dios ha colmado de dones, pero que no ha sabido valorar las gracias con que el Creador la ha enriquecido. Como Tántalo, no siente ningún respeto por el Dios totalmente otro. El que vive inconscientemente, como las vírgenes necias, se encuentra con la puerta cerrada. Sin acceso alguno a sí mismo, a su corazón, en el que Dios quisiera celebrar la boda con él (Mt 25, 1-13). El que se limita a vivir la vida sin contar con la venida de Dios, terminará haciéndose trizas (Lc 12, 46). Se porta mal consigo mismo, se destroza a sí mismo porque reprime los deseos de su corazón. Vive a costa de su alma. Y esto lleva a una ruptura interior. Encontramos muchos ejemplos en los que Jesús nos hace ver lo crueles que somos con nosotros, cuando vivimos ciegos, inconscientes, abrumados por la angustia. Nos muestra las consecuencias de una vida tan unilateral. Todo en nosotros será tiniebla y nuestra existencia, un infierno.

En la parábola del administrador injusto (Lc 16, 1-8), Jesús nos muestra lo bien que podemos portarnos con nosotros cuando debemos algo. Jesús no quiere que nos destrocemos echándonos la culpa de todo. Cuando se confía en el Dios misericordioso uno tiene que portarse mejor con la culpa, que siempre está presente en nuestra vida, incluso cuando queremos vivir lo más fielmente posible. El administrador de la parábola adopta tal actitud ante la culpa, que no le hace perder su autoestima. No quiere mendigar, hacerse mal, ni perder consideración social ante los demás. No quiere pasarse la vida disculpándose de que ha cometido una falta. No quiere pasarse la vida trabajando, no quiere apretar los dientes y demostrar ahora violentamente a la gente que es un hombre honrado. Pues bien, así reaccionamos nosotros con frecuencia. Si hemos pecado alguna vez, creemos que con buenos propósitos podemos forzarnos a no hacerlo nunca más. De esta forma nos exigimos demasiado. A partir de ese momento queremos rendir al ciento cincuenta por ciento y nos comportamos cruelmente con nosotros mismos. El administrador opta por una tercera vía: reconoce su culpa y la comparte con los deudores de su amo. Todos nosotros somos deudores de Dios. Compartamos, pues, nuestra deuda para que encontremos sitio en la casa del otro, para que podamos experimentar la comunidad de unos con otros, la comunidad con hombres que son culpables, pero que a pesar de todo son acogidos por el amor de Dios. Aquí se va por otro camino, es decir, por el camino de no considerar la

culpa como autoinculpación, autodesvalorización, auto-
flagelación, como tantas veces se ha hecho en la tradición cristiana. Jesús nos invita a ser humanos con nosotros mismos, a no perder nuestra autoestima.

En el pasado se han malinterpretado algunas palabras de Jesús, hasta el punto de sobrecargar al hombre y
de incitarlo a ser excesivamente duro consigo mismo.
Pero, en realidad, las palabras de Jesús son siempre palabras de vida, palabras que invitan a la verdadera vida,
palabras que nos dicen que no seamos duros con nosotros y que no dejemos pasar la vida de largo. Jesús quiere decirnos: «La vida discurre como yo te digo. Arriés-
gate, vívela y no permitas que otros la vivan por ti». A
este respecto sólo voy a citar algunas palabras de Jesús:
«Si tu mano derecha es ocasión de pecado para ti, córta-
tela y arrójala lejos de ti; te conviene más perder uno de
tus miembros que ser arrojado todo entero al fuego del
infierno» (Mt 5, 30). A menudo se ha interpretado esta
enseñanza en el sentido de que tenemos que cortar lo
que nos conduce al pecado, que es preferible mutilarse a
pecar. Se trataría de un perfeccionismo que de hecho
nadie podría practicar. En realidad, con estas palabras,
Jesús quiere decir otra cosa, a saber, que la mano derecha es la parte consciente y la izquierda es la parte inconsciente. Algunas personas pretenden vivir unilateral-
mente, quieren tenerlo todo controlado, quieren hacerlo
todo por sí mismas. Al tratar de vivir sólo desde su lado
consciente, su vida se convierte en un infierno. Debe-
rían cortar su parte consciente para que pudiera vivir la
parte inconsciente y pudieran recuperar así el equilibrio.
Jesús se ve obligado a utilizar estas frases tan drásticas,
porque de otro modo no caeríamos en la cuenta de que
caminamos hacia la perdición. Parece que no hacemos

nada malo, sólo vivimos nuestra parte consciente. Pero toda unilateralidad termina por tomarse la revancha. Con esta imagen Jesús pretende, pues, invitarnos a dar cancha a ambas partes, izquierda y derecha, consciente e inconsciente.

Muchos sienten angustia cuando oyen estas palabras de Jesús: «Si alguno quiere venir conmigo y no está dispuesto a renunciar a su padre y a su madre, a su mujer y a sus hijos, a sus hermanos y hermanas, e incluso a sí mismo, no puede ser discípulo mío» (Lc 14, 26s). También aquí Jesús quiere mostrarnos un nuevo camino hacia la vida. En griego no se dice «tener poco aprecio», sino «odiar». Si quiero ser yo del todo, si quiero vivir la vida que Dios me ofrece, si quiero seguir mi vocación, no puedo tomar en consideración mi familia, sino que lo primero que tengo que hacer es desligarme internamente de mis padres. Mucha gente no llega a madurar porque es incapaz de independizarse de sus padres, porque necesita en su interior que sus padres le den seguridad. El poeta ruso Ivan Turgueniev ha mostrado en su *Fausto* hasta dónde puede llegar alguien cuando necesita por completo que sus padres le confirmen. Vera ha sido educada muy estrictamente por una madre autoritaria que ha demonizado la sexualidad. Aun después de morir su madre, Vera sigue dominada por sus normas. Cuando Vera se enamoró, «el primer y único beso con su novio provocó el desmoronamiento total del sistema elaborado por su superyó. Se puso muy enferma y murió» (Furrer, 20). A través del superyó, su madre ya difunta seguía influyendo sobre ella y la llevó a la tumba tan pronto como se atrevió a dar el primer paso por sí sola.

Llevar la cruz no significa para Jesús que tengamos que hacer artificialmente la vida más difícil. La cruz pertenece a la vida misma. Sólo puedo vivir en plenitud si estoy dispuesto a aceptar lo que me crucifica. Si me limito a vivir a mi modo, mi vida será rígida, estará petrificada. Y para que mi vida sea más flexible y tenga más horizontes, tiene que abrirse una y otra vez. La cruz no significa solamente que la vida es difícil. Al contrario, sólo viviré alegre y libremente cuando acepte mi vida como es. C. G. Jung ha insistido en que aceptarse a sí mismo es llevar la cruz, porque sólo podemos aceptarnos si asumimos las contradicciones que hay en nosotros. Una tía mía muy vitalista me contó un problema personal muy duro. «La verdad –decía– es que todo el mundo tiene bastante con llevar su cruz». Y caí en la cuenta de que ahí precisamente, en las palabras de Jesús sobre llevar la cruz, radicaban sus ganas de vivir. El problema no pudo con ella, porque estaba preparada para aceptar la cruz que le tocara. Y ello porque estaba convencida de que la vida no es una cadena de éxitos continuos, sino que incluye también el sufrimiento.

Las siguientes palabras de Jesús tendrían que invitarnos también a ser buenos con nosotros: «Si un rey está en guerra contra otro, ¿no se sienta antes a considerar si puede enfrentarse con diez mil hombres al que le va a atacar con veinte mil? Y si no puede, cuando el enemigo aún está lejos, enviará una embajada para negociar la paz» (Lc 14, 31s). Los enemigos que nos plantean batalla pueden ser nuestros fallos y debilidades. Hay quien se enfrenta con ellos porque cree que puede vencerlos. Conozco a una mujer que quiere vencer con el ayuno su insaciable apetito. Y entra en el tremendo círculo diabólico de la decepción por haber comido demasiado y del autocastigo subsiguiente mediante el ayuno. Pero le iría mucho mejor si hiciera las paces con su enemigo el apetito. Sería mu-

cho mejor que reconociera que tiene problemas con la comida, que padece un hambre insaciable que de vez en
cuando la domina. Si llegara a convencerse de que no tiene nada que perder si hace las paces con su incapacidad
para vencer a su enemigo, su vida podría ampliar sus horizontes. El enemigo quedaría amordazado. Su apetito
podría convertirse en la puerta de entrada a una vida más
intensa, podría ir controlando poco a poco el deseo. Otro
lucha en vano contra sus ataques de ira. También este entra en el círculo diabólico del esfuerzo, de los propósitos
firmes, de los fracasos, de las decepciones y autocastigos
cada vez más fuertes. Reconciliarse con esos prontos de
ira significa en primer lugar confesar que son superiores
a las propias fuerzas, pero también reconocer que en mí
hay una potente fuente de energía. Si soy capaz de controlar esta energía, mi ejército será mucho más grande y
fuerte. Los enemigos ya no tienen en jaque al ejército, sino que lo refuerzan cada vez más. Jesús nos invita a reconciliarnos con el enemigo que hay en nosotros para poder vivir juntos una vida más libre y vigorosa.

Que la Biblia no quiere exigirnos más de la cuenta, sino que nos invita a una vida que nos vaya bien, podemos
verlo en las cartas de san Pablo. Él no se cansa de repetir
que Cristo nos ha liberado de la presión de tener que hacerlo todo por nosotros mismos, de la presión de ser justos, de obrar correctamente, de ser perfectos. «Para que
seamos libres nos ha liberado Cristo. Permaneced, pues,
firmes y no os dejéis someter de nuevo al yugo de la esclavitud» (Gal 5, 1). Nosotros tendemos a esclavizarnos
con acuerdos que negociamos con nosotros mismos: «Si
rezo lo que tengo que rezar, nada tengo que temer. Si no
como carne, no tendré cáncer. Si hago ejercicio físico, me
libraré del infarto». Creemos que nuestra vida sólo será

plena si cumplimos unas determinadas condiciones, si observamos la ley que nuestro superyó nos ha impuesto. Pablo no se cansa de decir: «Anda, deja de una vez de intentar someterte a una ley. Eres libre. Cristo te ha justificado. Sí, sé auténtico. No tienes nada que demostrarte a ti mismo. Lo único que tienes que hacer es responder al amor liberador de Cristo».

Pablo deja a un lado todos sus esfuerzos para conseguir la benevolencia de Dios observando todos sus mandamientos. «Todo lo tengo por estiércol con tal de ganar a Cristo y vivir unido a él con una salvación que no procede de la ley, sino de la fe en Cristo, una salvación que viene de Dios a través de la fe» (Flp 3, 9). Para vivir una vida auténtica, tendríamos que dejar todas las ilusiones que nos hemos hecho sobre ella. ¿Y qué es una ilusión así? Pues creer que podemos justificarnos por nosotros mismos. Pablo pone en un segundo plano su esfuerzo y mira sólo a Cristo. Cristo es para él quien le garantiza que su vida será plena. «Olvidando lo que he dejado atrás, me lanzo de lleno a la consecución de lo que está delante, y corro hacia la meta, hacia el premio al que Dios me llama desde lo alto por medio de Cristo Jesús» (Flp 3, 14). La liberación de la ley es para Pablo el mensaje distintivo de Jesús. Tenemos que dejar de esclavizarnos y empezar a tratarnos bien; ya no estamos bajo el yugo de la ley, sino que tenemos que vivir del Espíritu, del Espíritu de Dios: «Pero ahora nos hemos emancipado de la ley, somos como muertos respecto a la ley que nos tenía prisioneros, y podemos ya servir a Dios según la vida nueva del Espíritu y no según la vieja letra de la ley» (Rom 7, 6).

Jörg Zink traduce así la vida del Espíritu en Rom 8, 14s: «Los que se dejan llevar por el Espíritu de Dios, son hijos de Dios. Ya no podéis vivir desde ahora en el temor, y tampoco en el temor de volver a perder el Espíritu de Dios o de no contentar a Dios. No sois unos asalariados a quienes se mide por su trabajo de cada día. Vosotros habéis oído y sabéis que sois hijos de Dios. Y el Espíritu de Dios nos da derecho a decir: Querido Padre». Vivir del Espíritu es vivir según la vocación más profunda de cada uno, no ser confirmados desde fuera, por las expectativas y las peticiones de los hombres, sino desde dentro, a saber, desde la valoración de la propia dignidad, de la propia unicidad, desde el carisma de Dios. Vivir del Espíritu es vivir sin la presión de tener que demostrarse algo a sí mismo, es vivir agradecidos por lo que Dios nos ha regalado.

La meta de la vida cristiana no consiste en cumplir una serie de normas y ser medidos por eso, sino en crecer cada vez más en la imagen que Dios nos ha reservado. «Por el contrario, viviendo con autenticidad en el amor, crezcamos en todo hacia aquel que es la cabeza, Cristo» (Ef 4, 15). Es crecer en el amor y en la verdad. El cristiano que se compromete con Cristo, cada día ama más, y cada día se acerca más a su verdad. Sabe quién es en realidad. Y la vida cristiana no consiste sino en hacer justicia a esta realidad interior dada por Dios, vivir lo que Dios me confía y me pide. «De este modo os renováis espiritualmente y os revestís del hombre nuevo creado a imagen de Dios, para llevar una vida verdaderamente recta y santa» (Ef 4, 24). Sé como Dios te ha creado y como Cristo por su resurrección te ha renovado. Ama las nuevas posibilidades que Cristo te ha dado.

En la Carta a los filipenses, Pablo recomienda a sus destinatarios que deben observar lo que la filosofía estoica pide a todo ciudadano, porque en ello ve la premisa para una vida plena: «Por último, hermanos, tomad en consideración todo lo que hay de verdadero, de noble, de justo, de limpio, de amable, de laudable, de virtuoso y de encomiable» (Flp 4, 8). Los cristianos deben vivir sencillamente lo que contribuye a la realización del hombre. No deben perseguir valores aparentes, sino vivir conforme a lo que son. Seguir a Cristo es claramente para Pablo ser hombres plenos, realizar la imagen del hombre, lo que los griegos han propuesto: «¡Sea el hombre generoso, servicial y bueno!». Este ideal no sobrepasa al hombre, sino que está en línea con su ser. Si vivimos conforme a él, descubrimos nuestra dignidad y nos alegramos de nuestra humanidad. Damos gracias por las posibilidades que Dios nos ha dado de vivir noble, correcta y limpiamente, de vivir de tal forma que dejamos traslucir los bienes de Dios.

Portarse bien consigo mismo y no dejarse esclavizar por mil reglas es el mensaje de la Carta a los colosenses: «Que nadie os critique por razones de comida o de bebida, ni por lo que respecta a fiestas, novilunios o sábados. Todo eso no es más que sombra de las cosas que han de venir: la realidad es Cristo» (Col 2, 16s). Por eso no tenemos por qué preguntarnos angustiados si podemos comer o no, si podemos sentir o no... La Carta a los colosenses llama a todo esto «prescripciones o enseñanzas de hombres» (Col 2, 22), que para lo único que sirven es para esclavizarnos. Ya no estamos sometidos a los elementos de este mundo. Seguir angustiosamente anclados en las prohibiciones y en los preceptos indica siempre que se desconfía del ser humano. Y el hombre es en este punto demasiado duro consigo mismo. No se escucha a sí mismo ni escucha sus necesidades, sino que mira hacia fuera y se deja dirigir desde fuera. No vive desde sí mismo. La Carta a los colosenses nos trae la alegre noticia de que debemos vivir no desde fuera, sino desde dentro, de que debemos vivir conforme a lo que somos desde Cristo.

La Carta a Tito dice que la gracia de Dios, que se nos ha manifestado en Cristo, nos enseña «a vivir el tiempo presente con moderación, justicia y religiosidad, aguardando nuestra bienaventurada esperanza: la manifestación gloriosa de nuestro gran Dios y Salvador Jesucristo» (Tit 2, 12s). Para el autor de la Carta a Tito nuestra tarea no consiste en ser fieles a ciertas normas y esclavizarnos con múltiples preceptos, sino en vivir con moderación, justicia y religiosidad, como corresponde a nuestro ser, de acuerdo con lo correcto y lo adecuado. Cristo es el educador que nos prepara para una vida conforme a la voluntad de Dios y reflejo de la belleza de nuestro ser de personas.

De forma parecida se expresa el último escrito del Nuevo Testamento, la segunda Carta de Pedro: «Dios, con su poder y mediante el conocimiento de aquel que nos llamó con su propia gloria y potencia, nos ha otorgado todo lo necesario para la vida y la religión. Y también nos ha otorgado valiosas y sublimes promesas, para que, evitando la corrupción que las pasiones han introducido en el mundo, os hagáis partícipes de la naturaleza divina» (2 Pe 1, 3s). Cristo nos da su fuerza y su capacidad, nos hace partícipes de su vida divina. Esto nos libera del poder del mundo, del poder de la concupiscencia. Lo que es bueno para nosotros, nos lo ha regalado Dios en Jesucristo, para que nos portemos bien con nosotros mismos, para que vivamos como corresponde a nuestra dignidad de hombres, para que participemos de la naturaleza divina. Y como la vida divina ya está en nosotros, no necesitamos abrirnos violentamente a Dios. En la Biblia la vida cristiana consiste más bien en hacer sitio en nosotros a la vida divina. Que Dios esté en nosotros es la mayor liberación del poder del mundo, del poder de nuestro perfeccionismo, del poder de los hombres y de sus expectativas. Nosotros ya participamos de la vida de Dios. Lo que tenemos que procurar ahora es fomentar y cuidar esta vida en nosotros para que nos penetre cada día más y cada vez nos haga más libres y capaces de amar.

2. *Ascesis y amor a sí mismo en la tradición monástica*

Los monjes han conservado sentencias de los antiguos padres que exigen a los hermanos hacerse violencia y practicar una dura ascesis. Para muchos padres, la vida del monje es una lucha contra las tentaciones. Pero lo que motiva esa lucha no es una tendencia sombría, sino la esperanza confiada de que Dios retribuye al luchador, de que merece la pena vivir, de que conseguiremos la meta de ver a Dios en su gloria y amor. El resultado de la ascesis no es un monje duro y sombrío, sino compasivo y afectuoso. Muchas sentencias de los antiguos padres relatan lo bien que estos se portaban con quienes solicitaban entrar en el monasterio, pero especialmente con los que habían caído y, decepcionados de sí mismos, buscaban consejo. Lo que se dice del antiguo padre Macario indica que la ascesis no es ninguna agresión contra sí mismo, sino un ejercicio de misericordia: «Cuentan los escritos que el antiguo padre Macario el Grande era como una imagen de Dios en la tierra, pues como Dios cubre el mundo con su protección, así ocultaba el padre Macario las debilidades ajenas. Las veía, pero era como si no las viera; lo que oía, era como si no lo oyera» (*Apo* 485). La ascesis confrontó al padre Macario consigo mismo. Y se dio cuenta de que nadie es capaz de mantener su propia verdad si a la vez no es misericordioso consigo mismo. Y esta mirada comprensiva sobre sí mismo y sobre sus fallos y debilidades es lo que hizo a este padre tan misericordioso y suave en su trato con los hombres.

Que en el monacato se busca una ascesis humana lo muestra el siguiente apotegma: «Una vez que el padre Antonio estaba sentado en el desierto lleno de mal humor y de ideas sombrías, le dijo a Dios: 'Señor, quiero salvarme, pero mis pensamientos no me lo permiten. ¿Qué puedo hacer en mi apuro?, ¿cómo podré conseguir la salvación?'. Entonces se levantó, salió afuera y encontró a un hombre que se le parecía. Éste se sentó y se puso a trabajar; luego dejó el trabajo y se puso a rezar; después se sentó de nuevo y siguió trenzando cuerdas, y finalmente se volvió a levantar para rezar. Se trataba de un ángel de Dios que había sido enviado para dar a Antonio consejo y tranquilidad. Antonio oyó que el ángel decía: 'Haz así y conseguirás la salvación'. Entonces sintió una enorme alegría, se llenó de ánimo y obrando como había visto consiguió la salvación» (*Apo* 1). La pregunta siempre es la misma, a saber, cómo lograr una vida plena. Dios ha mostrado a este monje un camino muy humano. El ritmo equilibrado de oración y trabajo es muy bueno para el hombre.

Esta exhortación de los monjes a portarse bien con uno mismo la encontramos una y otra vez. Así pues, no tenemos que ensañarnos contra el cuerpo con ayunos, sino ser buenos con él, porque su vocación es resucitar. Lo que pretende el ayuno es preparar el cuerpo para resucitar, o como enseña Ambrosio: «Transformar la naturaleza del cuerpo humano por la fuerza del ayuno incorruptible» (Régamey, 71). La ascesis no implica desprecio del cuerpo, sino más bien alta estima del mismo. Los monjes, como creían que irían hacia Dios en cuerpo y alma, ya en este mundo dejaban que Dios fuera ocupando poco a poco su cuerpo. Los monjes previenen siempre contra el ayuno excesivo. Por esa razón prefieren aconsejar que se coma poco cada día en vez de ayunar durante una semana y luego atiborrarse de comida. La *discretio*, el discernimiento de espíritus y de la medida correcta, es decisiva para el monje. Así dice el abad Poimen: «Es un honor extraordinario que el hombre conozca su medida» (*EthColl* 13, 97; 312). Y por eso los antiguos padres vigilaban para que nadie se maltratase con una ascesis excesivamente dura, e intentaban descubrir dónde estaba para cada uno el punto de equilibrio. Aquellos monjes no llegaban a edades enormemente altas porque sí. Lo que sucedía es que conocían los secretos de una vida sana.

Otro apotegma muestra la vertiente humana de la ascesis monástica, que rechaza todo rigorismo: «Un anciano dijo: 'Odio la gloria de los jóvenes, pues se esfuerzan y no obtienen ninguna recompensa. Lo que en realidad esperan es el reconocimiento por parte de los hombres'. Otro anciano muy sabio replicó: 'Por mi parte, los apruebo total y absolutamente, pues es muy bueno que el joven se preocupe por su gloria y no sea un abandonado. En realidad, cuando busca gloria, tiene que ser sobrio, vigilante, tiene que ejercitarse, crecer en el amor, soportar adversidades en atención a la alabanza. Después, cuando ha obrado de este modo, le visita la gracia de Dios y le dice: ¿Por qué te afanas por los hombres en vez de por mí? Entonces el joven se da cuenta de que no tiene que buscar la gloria humana sino la gloria de Dios'. Cuando oyeron esto, dijeron: 'En efecto, así es'» (N 616, 141). Los perfeccionistas quieren que nuestra vida espiritual no tenga falsas motivaciones. Pero semejante perfeccionismo es inhumano. El sabio anciano sabe, por tanto, que un motivo tan imperfecto como el deseo de gloria puede prestar al principio una gran ayuda, porque nos desafía a trabajar en nosotros. Sería un error que tratáramos de demonizar toda ambición, pues la ambición también puede tener efectos positivos. Nos incita a aprender, a trabajar bien y con esmero, a cultivar todas nuestras destrezas y a desarrollar nuestras facultades. Sin ambición no aprenderíamos a disfrutar de una sinfonía perfectamente interpretada, ni nos conmovería un aria que roza el misterio. Es verdad que la ambición también puede llegar a esclavizar, sobre todo cuando sólo estamos pendientes de los demás para ver si somos suficientemente buenos. Pero eliminar totalmente la ambición y la búsqueda de gloria por los peligros que encierran, sería puro rigorismo. Se empobrecería nuestra vida.

El perfeccionismo paraliza, porque nos exige demasiado. Poimen, uno de los padres antiguos más conocido, se protege contra este perfeccionismo inhumano que cree que sólo podemos buscar a Dios y servir al prójimo por motivos puros y santos: «Un hermano dijo al padre Poimen: 'Si doy a un hermano un poco de pan o alguna otra cosa, los demonios tratan de quitarle valor a mi acción diciéndome: Se lo has dado para agradar a los hombres'. Dijo el anciano: 'Aunque sea por agradar, hay que dar al hermano lo que necesita'. Y le propuso la siguiente parábola: 'Dos campesinos vivían en la misma ciudad. Uno de ellos sembró poca semilla y poco seleccio-

nada, el otro se ahorró la semilla y no sembró absolutamente nada. Si viene una hambruna, ¿quién tendrá para
vivir?'. El hermano respondió: 'El que sembró poco y
sin seleccionar'. Entonces le dijo el viejo: 'Sembremos,
pues, por lo menos algo, aunque no esté seleccionado,
para no morir de hambre'» (*Apo* 625). El perfeccionista que cree que sólo debe sembrar una semilla totalmente pura, que sólo puede tener motivos absolutamente
puros para buscar a Dios y para amar al prójimo, se mo-
rirá de hambre. Se roba vida a sí mismo, porque se pone
unos listones inhumanos. Poimen es mucho más comprensivo. Nunca rezaremos ni ayudaremos al hermano
por motivos absolutamente puros. No tenemos que de-
vanarnos los sesos dilucidando si nuestros motivos son
realmente puros o no. Somos humanos. Sabemos que,
cuando ayudamos, algo ganamos con ello, que nos pro-
porciona cierta satisfacción. Pero debemos tranquilizar-
nos pensando que no somos dioses, sino hombres. Sólo
Dios es el absolutamente bueno. Ya respondió Jesús al
joven rico: «¿Por qué me llamas bueno? Nadie hay bueno más que Dios» (Mc 10, 18). La humildad que conoce los motivos poco limpios de nuestro obrar y, no obstante, intenta servir a Dios y al prójimo, produce mucho
fruto, mientras que el rigorismo no da nada y nos hace
morir de hambre.

3. *El arte de aceptarse a sí mismo: bases psicológicas*

C. G. Jung ha hecho siempre hincapié en lo importante que es que la persona se acepte a sí misma. Lo que
a primera vista puede parecer sencillo, es en realidad «el
arte supremo, de manera que la aceptación de sí mismo

es la esencia del problema moral y la clave de todo un modo de ver el mundo. Que yo socorra a un pobre, que perdone a quien me ofende, que ame a un enemigo por Cristo, supone indudablemente una gran virtud. Lo que hago a uno de mis hermanos más humildes, se lo hago a Cristo. Ahora bien, si me doy cuenta de que el más pequeño de todos, el más pobre de los mendigos, el más descarado de mis ofensores, es decir, que el enemigo mismo está en mí, que yo mismo necesito de la limosna de mis bienes, que soy el enemigo a quien hay que amar, entonces ¿qué? Entonces se tuerce normalmente la verdad cristiana, entonces ya no hay ni amor ni paciencia que valgan, entonces llamamos *rakka* (loco) (Mt 5, 22) al hermano que se encuentra dentro de nosotros, entonces nos juzgamos y nos ponemos furiosos con nosotros mismos. Hacia fuera ocultamos y negamos haber encontrado en nosotros este hermano más humilde; y aunque fuera el mismo Dios quien se presentara en nosotros bajo este aspecto despreciable, le hubiéramos negado mil veces incluso antes de que cantase el gallo» (11, 367s).

Jung tiene que confesar «que lo más difícil, incluso imposible, es aceptarse a sí mismo tan pobre como se es. Sólo el hecho de pensar en ello puede producir sudores de angustia, por eso se prefiere con mucho y sin dudarlo lo más complicado, es decir, no saber nada sobre sí mismo y preocuparse por los demás, por sus dificultades y pecados» (11, 368). Quien conoce todos sus abismos, sus zonas sombrías, sabe que solamente puede vivir en plenitud el que es comprensivo consigo mismo, el que es capaz de decirse sí tal como ha sido creado. Sólo cuando alguien se ha aceptado a sí mismo puede aceptar al que busca consejo sin juzgarle. Sólo se puede ser misericordioso con los demás si se es misericordioso con uno mismo, si nos hemos reconciliado con nuestra propia oscuridad. El que se ha asomado al abismo de su alma puede ir al encuentro del otro con un gran respeto y sin pretensión alguna de juzgarle. «El hombre auténticamente religioso tiene esta actitud. Sabe que Dios ha creado un sinnúmero de cosas admirables e incomprensibles y que trata de ganarse el corazón del hombre por los caminos más insospechados. Por eso, percibe en todo la oscura presencia de la voluntad de Dios» (367). Si juzgo a alguien, es imposible que le ayude. «Si un médico quiere ayudar a alguien, tiene que aceptarle tal como es. Pero esto sólo lo puede hacer si antes se ha aceptado a sí mismo» (*ibid.*). Así pues, antes de portarnos bien con los demás, debemos ser buenos con nosotros mismos, debemos aceptarnos sin juzgar nada en nosotros.

El verdadero seguimiento de Jesús consiste, según Jung, en aceptarse a sí mismo. Seguir a Cristo no significa copiarlo, sino «vivir nuestra vida como él vivió la suya, en su único y peculiar modo de ser» (368). No se trata, pues, de imitar a Cristo exigiéndose demasiado o despreocupándose de las propias necesidades, sino de tener el valor de vivir la propia vida, esa vida que Dios me ha confiado. Jung insiste en que, más que cualquier otro fundador de religiones, Jesús ha retado a cada uno a ser positivo consigo mismo y a vivir su propia vida; a seguir, independientemente de la voluntad de sus padres, sólo la voluntad de Dios, la voz interior de la conciencia. La meta del camino de desarrollo es que cada uno se descubra a sí mismo, descubra la imagen única que Dios tiene de cada hombre. Cada hombre reproduce de forma irrepetible la gloria de Dios. Pero para saber qué imagen tiene Dios de mí, tengo que oírme, tengo que escuchar a mi alma, en la que Dios me habla, tengo que penetrar mis sueños, en los que Dios me revela mi imagen por medio de muchos símbolos. Pero sólo podré percibir la voz de Dios en mí cuando sea capaz de penetrar en los entresijos de mi alma, de ver también lo oscuro y lo caótico que hay dentro de mí. Pues Dios también me habla ahí, porque me sale al encuentro como el «más pobre de los mendigos».

«La neurosis es una fractura interior, una desavenencia consigo mismo. Todo lo que acentúa esta desavenencia, debilita cada vez más. Todo lo que la suaviza, sana» (369). La misión de la terapia es superar esa ruptura interior, animar al paciente, reconciliarle con su enemigo interior para convertirle en un ser totalmente pleno. Pero, según Jung, quien lo ha experimentado en su propio cuerpo sabe muy bien que esta reconciliación consigo mismo y con sus contradicciones es una auténtica cruz. «El que se halla constantemente en la senda de la totalidad no puede evitar esta suspensión que es la crucifixión. Pues se encontrará indefectiblemente con lo que le crucifica, a saber, lo primero de todo, con lo que no quisiera ser (sombras); lo segundo, con lo que es, no él, sino el otro (realidad individual del tú); y, en tercer lugar, con lo que es su no-yo psíquico, es decir, el inconsciente colectivo» (16, 280).

Por consiguiente, portarse bien consigo mismo no es para Jung ni tan inocente ni tan agradable. Para él se trata también siempre de seguir al crucificado, pero no quedándose en una imitación exterior, sino vivir en el propio cuerpo lo que sucedió una vez en la cruz de Jesús. «Llevaba la cruz de Cristo sobre sus hombros y era su propia cruz. Cargar con una cruz ajena y que ya ha sido llevada es mucho más fácil que llevar la propia cruz entre las burlas y el desprecio de los que te rodean» (*Cartas* II, 290). Quien se atreve a vivir su vida como Cristo vivió la suya; quien no rehúye sus propias contradicciones, sino que las soporta y las acepta como parte de su ser, con seguridad choca con la cruz; pero no con la cruz endulzada por la devoción a través de la historia, sino con la dura cruz de la realidad, de la realidad que él mismo es. Por consiguiente, portarme bien conmigo mismo es estar también dispuesto a aceptar lo que me crucifica, reconciliarme con mis zonas oscuras y decir sí a mi propia división.

Jung resumió en una carta sus ideas acerca de la aceptación de sí mismo y de la plena realización del ser humano: «Como médico, he podido constatar la miseria y la desintegración del hombre de hoy. He tenido que ayudar a muchas personas cuyo ser se compone de distintos elementos, unos luminosos y otros oscuros. Esto es lo que se denomina integración: ser explícitamente ese uno que se ha sido desde el principio. Como dice el zen japonés: 'Muéstrame tu primer rostro'» (*Cartas* III, 217). La meta de la terapia es que la persona descubra y saque a la luz su rostro primero, el rostro que Dios le dio. Y como el terapeuta conoce la división interior del hombre, no quiere proponerle metas excesivamente altas, como la de la perfección: «Se conforma plenamente si logra hacer personas en cierto modo equilibradas y espiritualmente más o menos sanas, aunque esto tenga poco que ver con la perfección. Antes de esforzarnos por la perfección deberíamos estar dispuestos a vivir la vida normal sin dejar atrofiar nuestro ser» (*ibid.*, 217). En estas palabras se observa muy bien la humildad que a lo largo de muchos años fue adquiriendo Jung en su trato consigo mismo. Él no pretendía apoderarse del fuego de los dioses como Prometeo, ni aspirar a la perfección.

Muchos otros psicólogos también enseñan que debemos portarnos bien con nosotros mismos. Casi todas las escuelas psicológicas parten de que hemos de mirar sin reservas lo que hay en el alma humana sin juzgarlo y sobre todo sin condenarlo. El objetivo de toda terapia es que el paciente pueda aceptarse tal como es, que diga sí a su historia personal, a su carácter, que se reconcilie con todo lo que hay en él. Sólo cuando uno se ha aceptado puede cambiar: esta es la ley fundamental del alma humana. Cada escuela de psicología explica a su manera cómo puede uno llegar a aceptarse a sí mismo. Para la psicología de Alfred Adler, la primera tarea del terapeuta es fortalecer el sentimiento de autoestima de su paciente. A Adler le interesaba sobre todo cómo educar a nuestros niños para que lleguen a ser adultos, para que vivan con alegría. Para él, el medio educativo más importante es el amor, el cual ha de darse por igual a todos los hermanos, para que cada uno de ellos pueda descubrir su propio valor: «La confianza del niño en sí mismo, en su valía personal, es su mayor felicidad» (Seelmann, 554). Un niño que tiene confianza en sí se portará bien consigo mismo, pues no se ve presionado a compararse con los demás ni a sentirse inferior a ellos.

Para la psicología transpersonal, la senda de la reconciliación pasa por la des-identificación. Observo mis malos modos, mi angustia, mi culpa, mis fallos sin juzgarlos. Y trato de decirme: «Estoy enfadado, pero no soy mi enfado. Tengo fallos, pero no soy mi fallo. Tengo culpa, pero no soy mi culpa». Dentro de mí hay un espacio donde estos sentimientos no tienen acceso, donde entro en contacto con mi verdadero yo. Relativizo todo lo que me altera. Y así puedo reconciliarme con todo lo que hay en mí. Pues todo ello no tiene la última palabra (poder) sobre mí. En mí existe un espacio libre de autoinculpación, de decepción, de negación, de rabia y de angustia. El conocimiento de este espacio hace posible que yo diga sí a todo lo que hay en mí. No me siento obligado a tener que dominar algo en mí. Sé que en medio de toda imperfección hay en mí un espacio sobre el que no tienen ningún poder ni mis pasiones ni mis instintos. Muchos se comportan cruelmente consigo mismos porque creen que tienen que deshacerse violentamente de sus angustias, de sus sensibilidades y de sus sentimientos de culpabilidad. Se imponen la presión de acabar con sus problemas de forma que nunca más vuelvan a emerger. Pero no es más que una ilusión. Si perseguimos esta ilusión, daremos con nuestras cabezas contra la pared y nunca llegaremos a la meta. La psicología transpersonal nos ofrece un camino más suave. No tengo que dominar en absoluto ni mi miedo, ni mi sensibilidad, ni mi debilidad. Lo que en realidad tengo que hacer es descubrir en mí el espacio en el que Dios está presente, ese espacio al que no tienen acceso ni estos problemas ni estos sentimientos. Pues yo sé que todas las pasiones con las que tengo que luchar al final no tienen ningún poder sobre mí. En lugar de reprimirlas, lo que tengo que hacer es relativizarlas. Y entonces ya no me podrán condicionar. La psicología transpersonal me enseña a permitir que todo esto pueda existir en mí. Pues sé que ahí, donde Dios me habita, nada tiene poder sobre mí. Y por tanto puedo ser suave y benigno conmigo mismo.

Siguiendo la tradición de la psicología humanista, Winibald Müller cree que la misericordia es la actitud esencial de los terapeutas y pastores. El encuentro terapéutico necesita más que cualquier otro de la misericordia. Pero el terapeuta también tiene que aprender a ser misericordioso consigo mismo. Tiene que animar al paciente a ser misericordioso consigo mismo y a quitar poder al negrero que lo oprime. Müller cita las palabras de abba Pambo: «Si tienes corazón, puedes ser salvado. Si tienes corazón, un corazón que late, que ocupa realmente tu centro, del que definitivamente todo sale y donde todo se reúne, puedes ser salvado, redimido, liberado. Entonces tu propio negrero, el que te esclaviza, el que te oprime, no tendrá nada que hacer. La amplitud, la viveza, la bondad de tu corazón para contigo, lo desbancará, lo dejará fuera de combate» (Müller, 56). «Misericordia consigo mismo: donde esto sucede, donde se acoge y se experimenta de verdad, allí se rompen los candados, saltan las cadenas que hasta ahora me tenían aherrojado, oprimido, aplastado, encerrado de por vida... Allí donde realmente tengo piedad de mí, acontece una auténtica explosión de libertad, y los dioses y los ídolos que hasta ahora me habían condicionado, manipulado y censurado se caen de sus pedestales. Y se me quitarán de encima los sentimientos que me atenazaban, que me deprimían, que me agotaban» (*ibid.*, 60s).

El análisis transaccional pretende liberarnos de nuestros falsos impulsos, con los que nos esclavizamos a nosotros mismos. En lugar de estimularnos con frases como: «Sé perfecto; date prisa; esfuérzate; hazme caso; sé fuerte», debemos permitirnos tener algunas debilidades y no responder siempre a las expectativas de los demás. Nuestro lema vital nos impide muchas veces portarnos bien con nosotros mismos. Pues cuando alguien vive con el lema: «Soy un fracasado, no valgo para nada», se hace mal a sí mismo. Cuando pongo en duda las razones de este leit-motiv de mi vida, puedo irme liberando poco a poco de su influjo. Debilitaré las leyes según las cuales tengo que morir (Jn 19, 7) y descubriré la ley de Cristo, que me hace vivir.

La ley suprema de casi todas las escuelas psicológicas es reconciliarse con uno mismo y con la propia vida, ver todo lo que se es sin juzgarlo ni condenarlo, y desde el trasfondo de la propia historia descubrir y vivir el valor que se tiene y el sitio que se ocupa en la vida. Los terapeutas casi siempre tienen que tratar con personas que han sido heridas y que no se llevan bien con sus heridas, y que por eso se martirizan o se hacen la vida imposible. Lo que la terapia persigue la mayoría de las veces no es solucionar los problemas de estas personas y hacerles olvidar sus heridas, sino que cambien de actitud hacia ellas, que las afronten de forma que puedan convivir con ellas. Cuando el paciente aprende a portarse bien consigo mismo y con su historia vital llena de heridas, entonces empieza a sanar de verdad.

4. *El comportamiento cristiano con uno mismo*

De forma parecida a la terapia, el acompañamiento pastoral quiere también llevar a los hombres a reconciliarse ante Dios consigo mismos y con su vida. Pero más allá de la terapia, el acompañamiento espiritual se pregunta qué le pide y le confía Dios a esta persona concreta, cómo le ha llevado hasta aquí y hacia dónde le llama. En el acompañamiento espiritual suele descubrir cada uno su propio camino y barruntar la imagen específica que Dios ha diseñado exclusivamente para él. El objetivo de la vida espiritual es vivir según mi vocación a partir de Dios. Pero esto significa también vivir pertinentemente mi verdadero yo. Y ello quiere decir portarme bien conmigo, no vivir nunca contra mi naturaleza, sino de acuerdo con ella, no eliminando ningún sector de mi vida, sino integrando todos para que en todo y a través de todo lo que hay en mí, «Dios sea glorificado» (RB 57, 9).

La Iglesia primitiva vio en Jesucristo el educador, el que nos conduce a la verdadera vida, el que nos enseña el arte de la vida sana. Los cristianos sitúan este arte de la vida sana frente a la desmesura que observan en la cultura decadente del imperio romano. Están orgullosos de vivir en este mundo «con moderación, justicia y religiosidad» (Tit 2, 12), mientras muchos de sus contemporáneos son dominados por su concupiscencia y destrozados por su desmesura. Han cultivado una cultura cristiana propia de la vida que caracterizó a Occidente hasta la Edad Moderna. La cultura cristiana de la vida era el arte de la vida sana y se caracterizaba por la misericordia de Jesús. En esta cultura de la vida todos los hombres tenían su sitio, incluso los pobres y los marginados, los disminuidos y los fracasados. Se caracterizaba por una espiritualidad que se portaba bien con el hombre, configurado según la imagen de Cristo. La imagen de Cristo no es un ideal que viene de fuera y nos exige sobremanera. Corresponde más bien a la llamada más íntima de todos y cada uno. Hoy hemos perdido gran parte de este arte cristiano de la vida sana. Así pues, ahora quisiera describir qué aspecto concreto puede asumir esta vida sana, cómo puede proporcionar una espiritualidad que hace bien al hombre y le instruye para ser bueno consigo mismo.

a) *Comprensión recta de la ascesis*

Ascesis significa propiamente ejercicio. El verbo griego *askein* «significa en primer lugar trabajar, fabricar con esmero, por ejemplo, un utensilio o cualquier otra cosa; en segundo lugar significa ejercitar, por ejemplo, un arte o una virtud; aplicado al cuerpo humano significa ejercicio para conseguir una habilidad, por ejemplo, la habilidad propia del soldado o del atleta. Aplicado a la ética, el ejercicio en una conducta virtuosa, coherente con el ideal para lograr la firmeza frente a las tentaciones» (RAC, 749). Para los griegos, ascesis era, pues, algo positivo. Se precisaba para conseguir ciertas habilidades. Para el deportista, la ascesis era la condición para mejorar su rendimiento. Con la filosofía popular estoico-cínica, la ascesis empezó a tener por vez primera una connotación negativa. Significaba ante todo «renuncia a las comodidades y placeres frente a las seducciones de los instintos» (RAC, 749). Esta connotación negativa caracterizó también a la ascesis cristiana, que se entendió fundamentalmente como renuncia.

En sentido figurado, ascesis significa originariamente que el hombre se entrena para ser hombre, que trata de conseguir las habilidades necesarias para una vida plena. Para los místicos, ascesis significa ejercitarse en la experiencia de Dios. Mediante ciertos ejercicios preparamos y abrimos el hombre a Dios. La experiencia de Dios no se puede forzar. La ascesis sólo prepara al hombre para que experimente a Dios cuando se le revela. La ascesis supone una concepción positiva del hombre. No estamos condenados simplemente a cumplir nuestro destino. Podemos formarnos a nosotros mismos. Todos hemos recibido de Dios un material concreto. Es nuestra historia vital, nuestra educación, las disposiciones y talentos, el carácter que conforma nuestra estructura. Pero también tenemos lo que configuramos a partir de esas premisas. La ascesis no es, pues, negación, sino afirmación, configuración de la vida. Se funda en la fascinación de los griegos por el hombre bueno y bello para el que Dios nos ha creado, pero que también nosotros tenemos que formar con nuestro ejercicio. Mientras que algunos se quejan desconsoladamente de que todo es tan difícil, de que uno no puede cambiar nada en sí mismo, de que estamos demasiado condicionados, la sana ascesis se caracteriza por sus enormes ganas de humanidad, por el deseo de hacer de mí la persona que Dios quiere y que ha diseñado para mí.

Portarse bien conmigo mismo no es hacer todo lo que me venga en gana. Pues en ese caso llegaré a depender por completo de mis deseos y necesidades. El que pretende satisfacer inmediatamente sus necesidades es imposible que crezca. Nunca formará un yo realmente sólido. Quedará a merced de sus necesidades y de sus estados de ánimo. En este sentido, la ascesis como renuncia, por ejemplo como ayuno, es algo bueno para el hombre. Naturalmente, es el primer paso para renuncias más costosas. Cuando me planteo un ayuno, una semana antes no tengo ninguna gana de ayunar. Sé muy bien en teoría que el ayuno es algo bueno, pero para hacerlo tengo que vencerme. Cuando ya he comenzado a ayunar, siento que me hace bien, que me libera. Con toda renuncia pasa lo mismo. Al principio dudo de si es el momento de empezar, me pregunto si ya no podré disfrutar de nada. Pues claro que puedo disfrutar. Pero si todas las tardes me atiborro de dulces, no me hago ningún bien, no me porto bien conmigo mismo. Demuestro que tengo una opinión negativa de mí, que no confío en mí. Si digo sí a todos mis deseos, entonces cada día me sentiré más decepcionado y de peor humor. Me hago sufrir a mí mismo. Y si esto se prolonga por mucho tiempo, entonces me abandono a mí mismo y me formo una pésima opinión de mí. Al estar descontento conmigo, me vuelvo más agresivo conmigo mismo, y no sólo conmigo, sino también con quienes me rodean.

La ascesis tiene que ver con la disciplina. Para muchos, la disciplina es algo negativo. Les suena demasiado a control. Sin embargo, es imposible que crezca la vida si no hay disciplina. Para Bradshaw la disciplina es una senda positiva para lograr ser adultos: «Si logramos que los niños sean disciplinados, les ayudamos a que sean productivos y cariñosos. M. Scott Peck ha dicho que la disciplina es un arte para reducir el sufrimiento en la vida. Aprendemos a decir la verdad, a controlar los instintos, a ser honrados con nosotros mismos, y aprendemos también que una vida plenamente consciente de su responsabilidad es una vida mucho más alegre» (Bradshaw, 42). También en esto debemos situarnos en el justo medio, como es lógico. El indisciplinado no se porta bien consigo, pero el superdisciplinado tampoco. «El niño indisciplinado es un trasto, un holgazán, se niega a controlar sus instintos, es rebelde, obstinado, terco, actúa impulsivamente, sin reflexionar. El niño superdisciplinado es rígido, violento, desproporcionadamente sumiso, obediente, complaciente, y se verá comido por los sentimientos de vergüenza y de culpabilidad» (*ibid.*, 2). Se trata de ejercitar una disciplina que nos venga bien, que nos proporcione la sensación de que somos artífices de nuestra propia vida, de que la vivimos nosotros y no que la viven por nosotros.

b) *Reconciliarse consigo mismo*

La reconciliación constituye el núcleo del mensaje de Jesús: reconciliación de los hombres entre sí, reconciliación con Dios y reconciliación de la persona consigo misma. Pablo entiende su ministerio apostólico como «servicio de reconciliación» (2 Cor 5, 18). Reconciliarse con uno mismo es la tarea más difícil que nos espera en la vida. Reconciliarse consigo mismo significa hacer las paces consigo, poner fin a la pelea entre los distintos pensamientos y deseos enfrentados entre sí, tranquilizar el alma dividida, besar todo lo que hay dentro de cada uno. Es decir, portarse bien con uno mismo, amablemente y con finura.

Reconciliarse consigo es reconciliarse con la propia historia vital. Decir sí a mi vida, tal como ha transcurrido. Decir sí a mis padres, a mi educación, a mi carácter, tal como me ha sido dado. Pero allá en el fondo, en secreto, nos rebelamos profundamente contra la vida tal como es, contra nosotros y contra nuestra forma de ser. Nos gustaría ser de otra manera, querríamos tener otras cualidades. Desearíamos tener otros amigos, otra profesión. Querríamos que todo el mundo nos quisiera. Muchos viven sin reconciliarse consigo mismos, divididos interiormente, descontentos de sí y de todos, protestando continuamente contra las personas que les depararon este destino, y también protestando contra Dios, a quien hacen responsable de su situación. No paran de soñar cómo les gustaría ser. No viven el momento presente, están continuamente absortos en sus ilusiones. Y así echan a perder su vida.

Una causa para no reconciliarse consigo es compararse constantemente con los otros. Siempre se encuentra en los demás algo que uno no tiene. Se siente uno postergado, demasiado pequeño frente a los otros. Compararme con los demás me lleva a minusvalorarme y a denigrarme a mí mismo, o me obliga a sentirme siempre «súper», en plena forma. Tengo que sentirme «súper» en todo, tengo que hacer todo mejor que nadie. Mis cursos tienen que ser siempre los mejores; mis predicaciones, deslumbrantes. Reconciliarse consigo mismo implica acabar con las comparaciones. Mucha gente es incapaz de sentirse a sí misma, sólo se siente cuando se compara con alguien. Reconciliarse significa que estoy conmigo, que me siento, que me alegro de ser como soy. Tal como soy, soy único, irrepetible. Tal como siento, sólo lo siento yo. Reconciliarse consigo es estar en contacto consigo mismo. Cuando esto sucede, entonces no tengo que prohibirme la comparación, ya que entonces no tiene ningún sentido para mí. Pues yo percibo en mi interior el secreto de la vida. Siento, luego existo.

Reconciliarse consigo mismo es reconciliarse con las heridas del pasado. El que evita esta reconciliación, está condenado a trasladar las heridas que ha recibido a los demás o a herirse a sí mismo una y otra vez. Reconciliarse con uno mismo lleva a veces mucho tiempo. Y sobre todo sólo es posible cuando aceptamos las heridas y dolores que de ahí se derivan, las revivimos y las despedimos. No podemos reconciliarnos si reprimimos las heridas. Tenemos que hacernos amigos de ellas, «besarlas», portarnos bien con ellas, y entonces podemos convertirlas en fuentes de nueva vida. Todos los terapeutas y pastores de almas saben muy bien que se necesita tiempo para que una persona herida se reconcilie con su historia. Pero cuando se ha reconciliado, desaparecen todos los mecanismos de autodestrucción, la persona deja de ser tan dura consigo misma, puede ser más amable, tratarse mejor y aceptar su vida.

Muchos creen durante bastante tiempo que están reconciliados consigo mismos. Pero cuando algo les va mal descubren que no es verdad. Entonces se dan cuenta de lo difícil que es aceptarse: «Esto no puede ser verdad. Es imposible que me haya pasado a mí. Soy un caso perdido. No hay nada que hacer». Vuelven a emerger las autoinculpaciones y las autoacusaciones. Se necesitan años de entrenamiento en la misericordia para reaccionar misericordiosamente ante los propios fallos. A ello me ayuda la oración de Jesús: «¡Jesucristo, hijo de Dios, ten piedad de mí!». Pronuncio esta oración cuando siento necesidad de condenarme y de enfadarme conmigo. Y entonces me doy cuenta de lo mucho que tardan en cambiar los sentimientos negativos. Prohibirse estos sentimientos no sirve para nada. Ello equivaldría a volver a tratarse duramente a sí mismo, a desplazar los sentimientos negativos a otro nivel, pero no a debilitarlos. Me puede ser útil hablar con los pensamientos, contemplarlos en presencia de Dios, preguntar qué quiere decirme con ellos. O recito la oración de Jesús desde estos pensamientos y sentimientos. Los dos caminos son suaves. Pero experimento muy a menudo la tranquilidad que me dan y la paz que penetra en mi corazón.

c) *Ser piadoso es ser bueno consigo mismo*

A menudo algunas personas piadosas se tiranizan imponiéndose cada vez más ejercicios y actividades religiosas con el objeto de tranquilizar su mala conciencia. O exigiéndose rendir al máximo desde el punto de vista moral. Creen que pueden eliminar todos los pensamientos negativos y elaboran estrategias para evitar ya, desde el mismo estadio inicial, todas las tentaciones. Una piedad así se convierte con frecuencia en una tiranía, en un sistema de opresión que se apodera de la persona piadosa. La piedad que Jesús nos recomienda renuncia a ese alto rendimiento. La piedad es la respuesta al amor de Dios, tal como se ha revelado en Jesucristo. Esa respuesta se expresa en formas externas. Necesita oraciones, celebraciones religiosas, ritos, tiempo de silencio, meditación. Pero no se trata de batir el récord de oraciones y meditación, sino de rezar y meditar lo que convenga a cada uno.

Todas las prácticas religiosas que han surgido a lo largo del tiempo, quieren ayudar al hombre a vivir bien y sanamente. La liturgia del domingo nunca se vio como un peso impuesto al hombre. Al contrario, es bueno que el hombre interrumpa una vez a la semana su ritmo normal y dedique un tiempo a sí mismo y a Dios. En el servicio divino puede penetrar una y otra vez en su propia realidad. Puede darse cuenta de que su vida es más que trabajo y cumplimiento del deber, que tiene una dignidad inviolable, que puede vivir una vocación única. De todos modos mucha gente no puede vivir hoy esta experiencia positiva. Les duele la falta de espíritu de muchos actos religiosos. O tiene que oír predicaciones moralistas. Las comunidades tendrían que preocuparse por echarle fantasía al servicio divino, para que podamos experimentar en él nuestra dignidad divina y nuestra comunidad en Cristo.

El ritmo del año litúrgico es bueno para el hombre. Según C. G. Jung, el año litúrgico es un sistema religioso de salvación que puede curar nuestras heridas.

Pone a la persona en contacto con todas las vertientes de su vida. Le dice a qué se le llama, le indica que su vida tiene dimensiones que apenas se perciben en la vida cotidiana. Vivir el ritmo del año litúrgico significa también introducirse en el ritmo de la naturaleza, ponerse a tono con la creación y con su orden interno. Desde niño me ha fascinado la liturgia de la semana santa y de la noche de pascua. Y las vivo intensamente todos los años. Pero también me gustan muchas otras fiestas. Y a lo largo del año me acompañan muchos santos. Al levantarme por la mañana pienso en el santo del día. Y cuando me encuentro con Agustín, Teresa, María Magdalena, Anselmo, Antonio, Bárbara o Catalina, le dan a ese día un matiz especial. Ya no es mi agenda la que determina la jornada, sino el presentimiento de que los santos me acompañan y quisiera que algo de ellos floreciera también en mí.

Las oraciones diarias de la mañana y de la tarde o de antes de la comida no son tampoco ningún deber que tengo que cumplir. Es bueno para mí empezar la mañana con una plegaria, pidiendo la bendición con la certeza de que Dios me acompañará y me regalará un montón de encuentros con él y con personas estupendas. Y por la tarde está muy bien repasar el día y ofrecerlo a Dios. Los ritos con los que empiezo y termino cada jornada me hacen mucho bien. Es evidente que Dios no necesita para nada nuestros ritos. Tampoco depende mi vida de estos rituales, ni son necesarios para cumplir algún deber ni para consolar a alguien. Los practico porque con ellos me siento como en casa, porque quiero darle forma a mi vida y vivirla en vez de ser vivido por ella.

Los ritos no tienen por qué ser siempre religiosos. Algunas personas cumplen con esmero el rito de colocar cada noche su ropa en una silla; otras lo primero que hacen al levantarse por la mañana es asomarse a la ventana y respirar aire fresco. Los ritos son formas de tratarme bien. Me porto bien conmigo y estoy atento a mí mismo, celebro el momento, celebro la vida. A mí me hacen mucho bien unas palabras de san Atanasio que Roger Schutz suele citar con tanto gusto: «El Resucitado celebra en nosotros una fiesta sin fin». Los ritos son la manifestación de esta fiesta que el Resucitado celebra en nosotros sin cesar.

No se trata de tener mala conciencia cuando alguien no haya cumplido sus deberes religiosos. Los deberes religiosos están para servirnos, no al revés. El sábado se hizo para el hombre, y no al contrario. Sin embargo, en nuestra espiritualidad se introduce una y otra vez este sentido del cumplimiento del deber, acompañado siempre de mala conciencia, porque siempre podríamos rezar y meditar más. La mala conciencia no es buena consejera para una religiosidad auténtica. La persona que con su oración sólo se propone acallar su mala conciencia, jamás tendrá ni un momento de descanso y se porta mal consigo misma. Nunca orará lo suficiente como para tranquilizar su conciencia. No se trata de contentar a Dios con una serie de oraciones o de obras. Si rezo es porque siento en mí el deseo de Dios y quiero entrar en contacto con él. Y si vivo cristianamente es porque me siento fascinado por Jesucristo, porque quiero conformar mi vida con la suya, y porque vivir en Cristo me hace un bien inmenso.

Tener una imagen correcta de Dios es decisivo para mi religiosidad. Pues de la imagen que tenga de Dios depende la imagen que tengo de mí mismo. «La imagen de Dios es desde hace milenios el arquetipo más poderoso, el centro dinámico más oculto, a partir del cual se configuran definitivamente todas las esferas de la vida… La imagen de Dios es el centro más secreto de la existencia humana, pues parece que el hombre ha sido hecho conforme a esta imagen… Así pues, la imagen de Dios se revela a la vez como la compañía más peligrosa de la existencia humana» (Rudin, 161). Una imagen de Dios enferma hace que el alma esté también enferma. De una imagen de Dios distorsionada brotan fuerzas disolventes y también la tendencia a la crispación y a la dureza. Así pues, cuando tengo una imagen enferma de Dios, cuando lo entiendo como el Dios contable, el Dios arbitrario, el Dios del rendimiento, mi religiosidad se ve marcada por esta imagen. Entonces constantemente me siento obligado a hacer más ante Dios, a cumplir todos los deberes para que mi saldo en su contabilidad sea positivo. Un Dios terrible lleva también a una religiosidad terrible en la que somos demasiado duros con nosotros mismos. Por eso tengo que plantearme con frecuencia cuál es la imagen que inconscientemente marca mi vida. Y, a pesar de todo lo que he escrito sobre el Dios misericordioso, sigo observando dentro de mí los rasgos del Dios del rendimiento.

d) *Amar al prójimo*

La segunda parte del mandamiento principal de Jesús es: «Ama al prójimo como a ti mismo» (Lc 10, 27). En el pasado se ha olvidado a menudo la frase «como a ti mismo». El amor al prójimo se ha convertido en un mandamiento que exige excesivamente, que aliena a la persona de sí misma. Sólo hay que pensar en los demás y en su bien, pero no en uno mismo. Hay que presentar ante Dios muchas obras de amor al prójimo, para poder estar ante él. Hoy corremos el peligro de prescindir de la primera parte del mandamiento principal y de creer que lo más importante es amarse a sí mismo, pues sin esto sería imposible amar al prójimo. Aun cuando sea muy cierto que sin amor a sí mismo es imposible amar al otro, la insistencia excesiva en el amor a sí mismo puede degenerar en que la persona se recluya en el narcisismo. Para lograr una vida sana es preciso que haya tensión entre estos dos puntos. Desde luego que hay cristianos que se entregan totalmente a los demás. A ellos hay que recomendarles que se porten bien consigo mismos y que se preocupen también por su bienestar. Pero encontramos también bastantes personas que, en aras de hacerse bien a sí mismas, sólo gravitan en torno a sí. Esto significaría que han entendido muy mal nuestra consigna de portarse bien consigo mismas.

Ursula Nuber ha mostrado muy bien adónde conduce gravitar constantemente en torno a uno mismo en su libro *La trampa del egoísmo*. Quien sólo gira en torno a su autorrealización se queda solo, se aísla de los otros. Quien no tiene en cuenta a los demás y no se interesa por ellos, pronto le sucede que nadie se preocupa por él. Como él no se entrega a nadie, nadie se entrega a él por mucho que lo desee. Así pues, se separa de la vida. Pues vivir es vivir en relación, es convivir. Y un elemento clave para ello es amar a los demás. El que sólo gira en torno a sí mismo, acaba por estancarse. No tiene ninguna meta por la que luchar. No tiene ningún motivo para salir de sí, para entregarse a una obra, para olvidarse alguna vez de sí mismo, para ayudar al otro, para amar. Es prisionero de sí mismo.

No puedo estar siempre preguntándome por los motivos que pueda haber detrás de mi amor al prójimo. Sabemos, naturalmente, que tras nuestra actitud altruista se esconde a veces deseo de poder –nos sentirnos más fuertes que aquellos a quienes ayudamos–. Pero no podemos dejar de ayudar por nuestra tendencia a darle vueltas a todo. Si así lo hacemos, nos quedaremos solos y aislados. El simple hecho de amar al prójimo me hace mucho bien. Puede que en ello haya también motivos egoistas. Si amo a alguien, es posible que espere algo a cambio. Quien pretenda un amor totalmente desinteresado es muy cruel con el hombre. Puede que algunos santos lo hayan logrado, pero nosotros no tenemos que vivir el ideal más alto. Tenemos que ser conscientes de que tras nuestro amor al prójimo se esconden ciertamente motivos egoistas. El egoísmo no echará a perder nuestro amor al prójimo. La trampa del egoísmo de la autorrealización del hombre de hoy plantea muchas veces la duda sobre el verdadero amor al prójimo. Por puro miedo podría haber tras él falsos motivos, como el querer ser más amados. En ese caso se ven exclusivamente las propias necesidades. Pero cuando se procede así la vida se vuelve estéril e insípida, y no nos portamos bien con nosotros mismos, pues nos privamos de la alegría que nos embarga cuando podemos ayudar de veras a los demás.

Hay una forma narcisista de autorrealización que nos impide ser lo que podríamos ser desde Dios. Tenemos miedo de que cuando ayudamos alguien pueda utilizarnos, de que no nos quede suficiente tiempo para nosotros, de que no podamos tomar en serio nuestros sentimientos personales que quisieran justamente algo muy distinto que ayudar a los demás. Es verdad que corremos el riesgo de que se nos utilice, de que la voluntad de ayudar se convierta en algo forzado y que crezcan en alguien la agresividad, mientras, movido por su superyó, trata de ayudar a otro. Pero dejar a un lado mi persona y mis deseos para entregarme a quien llama a mi puerta, puede hacerme profundamente feliz. Esto me puede proporcionar el regalo de un encuentro inesperado. Si yo acojo a un huésped sin pensar en el trabajo que puede darme, sin pensar en las eventuales molestias que pueda ocasionarme, puede que el huésped me dé mucho más que el tiempo que reservo para mí. No en vano nos advierte la Carta a los hebreos: «No olvidéis la hospitalidad, porque por ella algunos, sin saberlo, han alojado ángeles» (Heb 13, 2). Olvidarse de sí mismos puede depararnos nuevas y dichosas experiencias.

e) *Trabajo y autorrealización*

El trabajo es propio del ser humano. El trabajo está ahí para que cada uno pueda ganarse el sustento y no tenga que depender de los demás. El trabajo tiene trascendencia social. Y tiene una vertiente creativa. Satisface. En el trabajo la persona puede autorrealizarse. El que trabaja a gusto, encuentra placer en trabajar. No siente la carga del trabajo, sino la alegría de lo que nace gracias a él. Y esto no vale sólo para el trabajo manual, en el que se puede ver con los propios ojos el fruto del esfuerzo. También en el trabajo mercantil o administrativo la persona puede sentirse a gusto cuando algo le sale bien. Organizar algo bien, crear un ambiente en el que todo el mundo trabaje a gusto, hablar de tal forma que se cree unidad entre los compañeros y tengan la sensación de que son importantes para la empresa, son cosas que pueden dar a una persona su mayor satisfacción. El que se porta bien consigo mismo, no se limita a girar siempre en torno a sí mismo, sino que se proyecta también hacia fuera, se entrega a su trabajo, se siente contento de todo lo que sale de sus manos o de su cabeza.

Pero a menudo nos topamos con personas que convierten su trabajo en fuente de sufrimiento. Personas que sólo saben trabajar. Están tan absorbidas por su trabajo que no tienen ni un sólo instante para descansar. No tienen tiempo para pasear ni para sentarse tranquilamente a leer un libro. Y muchos presumen de que hace mucho tiempo que no se toman vacaciones.

En muchos casos no es la cantidad de trabajo lo que realmente hace sufrir a estas personas, sino su modo y estilo de trabajar. Están continuamente agitadas, pasan de una cosa a otra sin cesar. Se sienten siempre agotadas, estresadas. Pero no hacen nada para remediarlo. A veces el estrés es producto de las circunstancias que viven. Pero normalmente es síntoma de que no se portan bien consigo mismas.

El estrés puede tener tres causas: en primer lugar, el exceso de trabajo, es decir, cuando se trabaja demasiadas horas o cuando se tienen que hacer muchas cosas en un tiempo determinado. En segundo lugar, la exigencia interior de mostrar la propia valía profesional, de quedar bien ante los demás. La tercera causa puede ser el rechazo que alguien siente hacia su trabajo, bien porque cree que él está hecho para otro empleo, que se merece mejores compañeros o que su trabajo no tiene ningún sentido y resulta muy pesado. Por tanto, reacciona con un hastío interior y se siente continuamente agotado. No tiene ningún sentido quejarse del estrés. Quien se queja es él mismo culpable. Lo que tengo que hacer es intentar descubrir las causas de mi estrés y poner los medios necesarios para hacerle frente.

El que trabaja en exceso no se porta bien consigo mismo. Esto se ve muy claramente en la carta que Bernardo de Claraval escribió al papa Eugenio. Para san Bernardo, la sobrecarga de trabajo lleva al papa a volverse interiormente cada vez más duro. Y una prueba bien clara de ello es que se ha vuelto agresivo consigo mismo. «Al principio te parece algo insoportable. Puede que con el paso del tiempo te habitúes a ello y no te parezca tan grave; después te parecerá soportable; y finalmente hasta te gustará. Y así se va endureciendo poco a poco el corazón, y al endurecimiento le sigue la aversión. Y pasa lo siguiente: un dolor agudo y permanente impulsa hacia una salida rápida: o a la salud o a la pérdida de la sensibilidad» (san Bernardo, 76). Lo que Bernardo teme es que el exceso de trabajo lleve al papa Eugenio a ser duro consigo mismo y, en consecuencia, a volverse cada vez interiormente más duro. «Mi temor es que, enredado en tus muchas ocupaciones, no encuentres ninguna salida y se endurezca tu mente; que poco a poco pierdas el sentido de un dolor auténtico y salvador» (san Bernardo, 76). Si no es capaz de desenredarse una y otra vez de sus ocupaciones, se endurecerá su corazón y perdería toda sensibilidad hacia el afecto humano. Será un hombre insensible para los demás, y le resultará imposible entablar una auténtica relación con Dios. Por eso Bernardo aconseja al papa que no se agote. Pues únicamente podrá ayudar a los demás si tiene un corazón atento a sí mismo. «Aunque todos los hombres tengan algún derecho sobre ti, también tú eres un hombre que tiene algún derecho sobre ti mismo. ¿Por qué razón tendrías que ser el único sin ningún derecho sobre ti?» (san Bernardo, 76).

Muchos hombres se desenganchan de la vida cuando se sumergen en su trabajo y no saben más que trabajar. Naturalmente, pueden aducir todas las razones posibles para justificar su exceso de trabajo. Mucha gente depende de ellos. Si no trabajaran tanto, su familia no podría subsistir. Incluso puede haber motivos religiosos: «La mies es mucha, y los obreros pocos». Por eso hay que trabajar con todas las fuerzas por el reino de Dios. Pero sólo son razones aparentes. Dios no quiere que estemos sometidos constantemente a una exigencia excesiva. Quiere que nos esforcemos y hagamos algo, que nos dejemos retar por las necesidades de los hombres y que dejemos de mirar cicateramente sólo por nosotros. Pero si nos exigimos excesivamente y perdemos el sentido de la medida, nuestro trabajo no atrae sobre sí ninguna bendición. Hay hombres que no paran de trabajar, pero no producen nada. Su trabajo no es creativo. El que ha encontrado la justa medida a su trabajo, dará sin duda el mejor fruto.

Dedicarse a algo es bueno para el ser humano. Cuando hago algo, puedo sentirme orgulloso y satisfecho por mi éxito. El hombre necesita emplear su tiempo en algo. La acción es un reto para él y permite que afloren sus facultades. Implicarse en un trabajo es para Schellenbaum condición para llegar a ser un hombre auténtico: «Los cambios profundos de la personalidad sólo se producen cuando alguien se entrega a una persona o a una obra… Entregarse por entero a una actividad, bien sea espiritual o corporal, significa entrar en una corriente torrencial. El yo se encuentra siempre en el punto de la máxima entrega» (Schellenbaum, 158). Sabemos perfectamente qué le sucede a la persona que no puede ha-

cer nada. Pero también es equivocado que alguien se
defina sólo por lo que hace. Entonces, la acción se convierte en una obligación. Si tengo que demostrar lo que
valgo por lo que hago, cada vez estaré más vacío interiormente. Dejaré de sentirme. Perderé el contacto conmigo mismo. Me dejaré esclavizar por las obras. Los
hombres que se definen por sus obras con frecuencia se
portan mal con ellos mismos. Cada vez hacen más cosas, llegan al límite y a menudo lo sobrepasan. Y entonces sucede lo que Bernardo de Claraval escribía al papa,
a saber, que su corazón se vuelve duro, pierden la sensibilidad hacia los demás e incluso hacia sí mismos. Algún día se encontrarán ante su propio vacío y tendrán la
sensación de haberse equivocado en la vida.

f) *Portarse bien con las cosas*

Los encargados del mantenimiento se enfadan a menudo cuando ven lo mal que los alumnos y alumnas tratan las puertas o las sillas. Ya no se siente ningún aprecio por las cosas. Es una señal de que las cosas ya no
significan nada. Ser duros con las cosas repercute nega-
tivamente en las personas que así actúan.

Portarse bien y ser atentos con las cosas es también
bueno para mí, pues entonces puedo vivir en armonía
con todo lo que me rodea, puedo identificarme con una
obra artesanal, puedo percibir la belleza de una taza, del
material con que está fabricada. Quien cuida las cosas
será también más cuidadoso consigo mismo. El trato
con las cosas es normalmente un test de la actitud interior de una persona. Ahí se revela su alma. Y viceversa,
tratar las cosas con cuidado puede enseñarnos a cuidar-
nos interiormente. Es un amplio campo de entrenamien-

to. San Benito enseñaba a Celerario cómo el ser cuidadoso con las cosas conduce a ser más cuidadoso y sensible interiormente: «Todas las herramientas del convento las consideraba como utensilios del altar. No se las podía descuidar en absoluto» (RB 31, 10s). Debe darse cuenta de que el mundo es creación de Dios, que tiene un estrecho parentesco con él. Su comportamiento con las cosas indica cómo se comporta con su persona. Si considera el mundo como amigo y se porta amistosamente con él, el mundo se comportará también con él como un amigo. Formará parte de él. Y surgirá una unidad interior, una alegría mutua.

Portarse bien con la creación no es un tema que afecte sólo al individuo. Toda la sociedad tiene que tratarla con cuidado si quiere vivir bien. Los grandes edificios de hormigón aumentan la agresividad entre ambos. La forma como las personas traten a la naturaleza será también la forma como se relacionen entre sí.

En nuestra abadía comemos en silencio. Como somos alrededor de cien monjes, sirven por turno cuatro camareros. Algunos recogen los cubiertos después de comer con tanta brusquedad que sienta realmente mal. Puede parecer una banalidad, pero la brusquedad con que se tratan los cubiertos va echando raíces. Y con el tiempo uno puede llegar a comportarse tan bruscamente con los hermanos monjes o con los propios sentimientos. Llegará un momento en que pasará desapercibido. Ya no tendrá importancia. Lo importante será hacer el trabajo. Sería bueno aprender a tratar bien las cosas para poder tratarse bien a sí mismo. Cuanto mejor trate mi habitación, mi ropa, mis cosas, tanto mejor me irá a mí mismo. Pero si no me preocupo por las cosas pequeñas, pronto dejaré de preocuparme también por los impulsos del corazón.

g) *Aceptarme a mí mismo también con mis fallos y mis culpas*

La tarea más difícil para una persona es portarse bien consigo misma cuando ha fallado o cuando tiene la culpa de algo. A pesar de todo lo que sabemos sobre la misericordia de Jesús con los pecadores y con los publicanos, nos resulta casi siempre muy difícil ser misericordiosos con nosotros cuando hemos cometido un fallo lamentable que además llega a conocerse en nuestro entorno.

Normalmente nos culpabilizamos y nos martirizamos internamente tildándonos de malos, débiles y cobardes. O nos devanamos los sesos pensando cómo es posible que hayamos cometido semejante error. Analizamos la situación y no nos explicamos cómo pudo pasarnos una cosa así precisamente a nosotros.

Portarse bien con uno mismo significa también asumir los propios fallos ante sí y ante los demás. Más de uno se ve sometido a la necesidad de justificarse. Querría tener siempre las manos limpias. Por esa razón se ve obligado a buscar siempre alguna excusa: que él no tuvo nada que ver, que la culpa la tienen los demás, o las circunstancias, o incluso el tiempo. Disimular un fallo ante sí mismo o ante los demás no sirve absolutamente para nada, pues cada vez irán apareciendo más indicios de que fuimos responsables del error, de que cometimos esa falta. Pero tampoco sirve considerarse culpable y tenerse por el peor de los hombres. Nos portamos bien con nuestro fallo cuando le dejamos en paz, sin juzgarlo, cuando lo ponemos ante Dios, cuando nos preocupamos más en mirar a Dios, quien en su gran misericordia nos acepta con nuestros fallos, que en dar vueltas y vueltas a nuestras culpas. No tenemos la más mínima garantía de que no volveremos a fallar. Al contrario, lo más probable es que fallemos más veces. Sólo una gran confianza en la misericordia de Dios puede evitar que nos flagelemos por nuestras culpas.

Nicolás Herman (1608-1691), que con el nombre de hermano Lorenzo vivió en el convento de los carmelitas descalzos de París, nos explica estupendamente cómo podemos portarnos bien con nosotros mismos cuando seamos culpables. Escribe: «Cuando he cometido alguna falta, lo que hago es ir a confesarme y decirle a Dios: 'Si tú me abandonas, nunca podré obrar de otro modo. Tú eres el único que puede impedir que caiga, el único que puede poner en orden lo que tendría que ser de otro modo'. Y desde ese momento ya no vuelvo a preocuparme por lo que he hecho mal» (29). Así pues, el hermano Lorenzo mira lleno de confianza y de amor a su Dios cuando se siente culpable. No se desprecia a sí mismo, porque sabe que volverá a cometer errores si Dios no lo remedia. Para él, más importante que su culpa es su amor a Dios: «Yo no me preocupo ni de la muerte ni de mis pecados, ni del cielo ni del infierno. Sólo me preocupa hacer las cosas más pequeñas por amor a Dios, porque no estoy en condiciones de realizar cosas grandes. Sólo puede suceder todo como a Dios le plazca. No me quita el sueño en absoluto» (33). Sólo un amor transido de confianza en Dios puede ayudarnos a portarnos bien con nosotros cuando hemos incurrido en culpa o hemos cometido fallos que lamentamos profundamente.

El abad Antonio dio un consejo parecido al del hermano Lorenzo. Dice al anciano padre Pambo: «No edifiques sobre tu propia justicia y no te preocupes por el pasado» (*Apo* 5). La autoinculpación esconde muchas veces mi orgullo. No puedo perdonarme en absoluto haber cometido estos estúpidos fallos. Es un atentado contra mi honor que tenga que quedar en ridículo ante los demás. Tendría que presentar ante Dios una imagen mejor. Tendría que cumplir de una vez mis propósitos y no caer en tales pecados. El abad Antonio aconseja humildad y conocimiento de que no podemos edificar sobre nosotros, de que no tenemos ninguna garantía de que no vamos a cometer más veces la misma falta. Como hombres que somos, podemos volver a fallar. Reconciliarse con esto es humildad. Al principio duele mucho. Me resulta extraordinariamente duro que mis ideales se derrumben ante mí. Pero la humildad trae también un sentimiento de libertad y confianza. No tengo por qué tener mis fallos siempre ante mí. No tengo por qué dejarme paralizar constantemente por mis faltas. Esto no significa que no me sienta responsable de mis culpas. Las culpas tienen que ser examinadas, confesadas y reparadas. Pero también tienen que ser abandonadas. Si Dios me ha perdonado, también yo tengo que perdonarme, en vez de impedirme vivir teniendo siempre mi culpa ante mí y despreciándome continuamente.

5. *Ser misericordioso consigo mismo*

Portarse bien con uno mismo es lo que la Biblia llama «ser misericordioso». La sagrada Escritura habla de la misericordia de Dios para con nosotros, que se reveló en Jesucristo de una forma nueva. Jesús es «el rostro de la misericordia de Dios» (Léon-Dufour, 545). Él no sólo nos ha anunciado la misericordia de Dios, sino que nos la ha mostrado. Siempre se mostró misericordioso con la gente. Y él mismo dijo a sus discípulos: «Sed misericordiosos como vuestro Padre es misericordioso» (Lc 6, 36). Con ello se alude en primer lugar al trato de unos con otros. Misericordia significa aquí sobre todo amar a los enemigos. Pero también incluye la misericordia para con uno mismo. Hemos de ser también misericordiosos con los enemigos que todos llevamos dentro. No tenemos que odiarlos, sino ser buenos con ellos. Pues Dios «es también bueno con los desagradecidos y con los malos» (Lc 6, 35).

En el evangelio de Mateo, Jesús basa dos veces su comportamiento en estas palabras de Oseas: «Misericordia quiero, no sacrificios» (Os 6, 6, citado en Mt 9, 13 y 12, 7). Esta frase podría ser para nosotros un verdadero programa para tratarnos misericordiosamente. Jesús no quiere sacrificios. No quiere que nos ofrezcamos sobre el altar del deber ni que nos destruyamos para agradar a Dios. Y tampoco tenemos que inmolarnos para lograr el aplauso de los hombres. El sacrificio es comportarse violentamente con uno mismo para autodestruirse, para aplacar algunos dioses, como se hacía normalmente en la Grecia antigua. No necesitamos contentar a los dioses envidiosos y celosos que actúan en nosotros. En Jesucristo, Dios nos ha mostrado su complacencia. No necesitamos comprar su gracia inmolándonos y destruyéndonos.

En la primera cita (Mt 9, 13), Jesús apela a Oseas para justificar su llamada a Mateo y su comida con los publicanos y pecadores. Jesús trata con misericordia a los pecadores. Los llama a que le sigan. Les cree capaces de entender su mensaje antes que los justos. Según este pasaje, ser misericordiosos consigo mismos significa que comamos con el pecador que hay dentro de nosotros, que le invitemos a sentarse a la mesa de nuestro corazón, que nos reconciliemos con el publicano y el pecador que hay en nosotros. Pues este pecador entiende mejor que el justo que llevamos dentro de qué es capaz el amor de Dios. Y nuestro publicano avergonzará a nuestro justo y, como Zaqueo, dará a los pobres la mitad de sus bienes (cf. Lc 19, 8).

En el segundo pasaje (Mt 12, 7), Jesús defiende con las palabras de Oseas la conducta de sus discípulos, que un sábado sacian su hambre comiendo los granos de unas espigas. Para los fariseos estaba prohibido. Según ellos, el precepto del sábado era más importante que saciar el hambre. Jesús, en cambio, pone en primer lugar la misericordia. Tenemos que ser misericordiosos con nosotros mismos, no estamos obligados a ser esclavos de las leyes, que tienen mucho sentido, pero que en casos concretos pueden resultar muy duras. Experimentar la bondad de Dios en sus dones es para Jesús más importante que la observancia del precepto del sábado. Jesús nos enseña a no ser rígidos con nosotros mismos, a no observar los mandatos penosamente, a ser buenos con nosotros mismos, a gozar agradecidos y con la libertad de los hijos de Dios los dones que Dios nos hace. Somos personas amadas por Dios. No tenemos que condenarnos cuando infringimos nuestras propias medidas. Jesús dijo a los fariseos: «Si hubierais entendido qué significa 'Misericordia quiero, no sacrificios', no hubierais condenado a los inocentes» (Mt 12, 7). A menudo condenamos al inocente que hay en nosotros, el cual se porta bien con Dios, pero no se adapta a nuestros criterios. Somos mucho más impacientes con nosotros que el mismo Dios, el cual sobre todo quiere mostrarnos su bondad. Nuestro yo es un juez sin piedad que nos condena y un fariseo que nos impide gozar de la vida.

Si repasamos los distintos significados del término misericordia en la Biblia, veremos qué es tener un comportamiento misericordioso con uno mismo. En la Biblia encontramos cuatro palabras distintas para expresar la idea de misericordia. *Rahamin* es una de ellas. Pertenece al Antiguo Testamento y significa «apego instintivo de un ser a otro. Según los semitas, este sentimiento tiene su asiento en el seno materno (*rehem*)» (Léon-Dufour, 542). Expresa el amor delicado de una madre. Dios es así de misericordioso con nosotros. Su misericordia se impone siempre a su cólera. Ser misericordioso con uno mismo sería, según estas palabras, llevarme a mí mismo en un seno materno, darle al niño que llevo dentro un lugar protector en el que pueda crecer. Tener una actitud maternal para conmigo. No me enfado conmigo. No me planteo exigencias a mí mismo, sino que confío en que ese niño que llevo en mi seno materno y en el seno materno de Dios pueda madurar y llegar a ser lo que Dios quiere que sea. Misericordia significa entrar en contacto con el espacio interior de ternura y bondad, de amor de Dios, que hay en mí. Allí donde Dios con su misericordia está en mí, puedo realmente estar salvado, pues mis autoacusaciones y mis autoinculpaciones pierden allí su fuerza. Allí estoy verdaderamente en mi casa, allí puedo ser el que soy.

La segunda palabra es *hesed*, la cual normalmente se traduce al griego por *eleos*. *Hesed* significa «bondad consciente, voluntaria; es incluso respuesta a un deber interior, fidelidad a uno mismo» (*ibid.*, 543). Significa un «afecto emocionado que embarga a alguien ante un mal que ha afectado a otro (que es inocente)» (Bultmann, 474). En el Antiguo Testamento, *eleos* puede hacer referencia a la gracia de Dios, al comportamiento

misericordioso de Dios con nosotros, al amor de Dios
que nos perdona. La compasión de Dios vence una y otra
vez su cólera. En su compasión perdona el pecado del
ser humano. En el Nuevo Testamento, *eleos* significa
«un comportamiento que Dios exige al hombre para con
el hombre» (*ibid.*, 479). Es la «bondad que debe presidir
las relaciones de unos con otros» (*ibid.*). Ser misericordiosos con nosotros mismos significa, pues, en el sentido de *eleos*, que nos tratemos con bondad, delicadeza y
cariño, que estemos a nuestro favor, que nos mantenga-
mos fieles a lo que somos y no sigamos las pautas de
nadie. *Eleos* significa a veces también compasión y per-
dón. Tengo que perdonarme a mí mismo. Tengo que dejar de condenarme. Tengo que aceptar mi culpa y ser
comprensivo con ella.

La tercera forma de expresar la misericordia es mediante el término *splagnizomai*, que procede de *splag-
chnon*, que significa entrañas. Las entrañas son la parte
del hombre donde residen los sentimientos más vulnerables. En el Nuevo Testamento únicamente aparece este término en los sinópticos; concretamente, sólo lo em-
plea Jesús. Es lo que caracteriza la manera de obrar de
Dios. *Splagnizomai* sólo se aplica a la conducta humana
en las parábolas. Pero en ellas la conducta del hombre
es un símbolo de la compasión de Dios. En la parábola
del hijo pródigo (Lc 15, 20), la compasión del padre se
contrapone al enfado del hermano mayor. Son muestras
de lo fuertes que son los sentimientos humanos. Dios se
compadece de todo corazón del hombre que se ha equivocado. Cuando los sinópticos describen de esta forma
la conducta de Jesús, se trata siempre de una caracteri-
zación mesiánica de Jesús (Bultmann, 554). Como Me-
sías, Jesús muestra en su conducta la misericordia de

Dios. Tiene con los hombres los mismos sentimientos que su Padre del cielo. Se abre a ellos y les permite entrar donde están sus sentimientos vulnerables.

Relacionado con nuestra conducta, *splagnizomai* quiere apelar a nuestra compasión. Soy misericordioso conmigo cuando siento mis enfermedades y heridas, cuando tengo compasión del niño herido que llevo dentro, cuando me abro a él. No miro mis heridas con una mirada objetiva que todo lo quiere analizar, sino que veo todo lo que hay en mí con la mirada compasiva del corazón. No me enfado conmigo mismo, con mis fallos y debilidades, sino que convivo con ellos. Me entrego a ellos. Les permito existir. Con esta mirada llena de amor pueden transformarse. *Splagnizomai* significa también que estoy en contacto con ese lugar que hay en mí en el que residen mis sentimientos vulnerables, que estoy preparado para aceptar mis heridas. En ese lugar donde residen mis sentimientos vulnerables estoy muy cerca de la misericordia de Dios. Ahí mis heridas pueden curarse con la misericordia divina. Ahí sé, más que con mi entendimiento, qué es el amor de Dios para con nosotros.

El cuarto término para expresar la misericordia es *oiktirmos*. Esta palabra expresa el sentimiento de compasión, entendido como conmoción dolorosa y misericordia que mueve a ayudar (cf. Bultmann, 161). En Flp 2, 1 y Col 3, 12, *splagchna* y *oiktirmos* se utilizan juntos. Los dos se complementan y significan «compasión cordial» (Bultmann, 163). En el discurso de la llanura, Lucas pone en boca de Jesús esta palabra: «Sed misericordiosos como vuestro Padre es misericordioso» (Lc 6, 36). Así pues, tenemos que compadecernos de nosotros mismos. No debemos enfadarnos demasiado con los enemigos que llevamos dentro, sino convivir con ellos.

Seamos compasivos con nosotros cuando nos sintamos decepcionados por nuestros fallos y debilidades. Esta compasión para con nosotros mismos, que estamos divididos entre el bien y el mal, que caemos una y otra vez, nos hace semejantes a Dios. No es el no cometer fallos lo que nos acerca más a Dios, sino la compasión con nosotros, con nuestras debilidades y con las personas que nos rodean. En la compasión cordial percibimos de algún modo el ser del Dios amante y misericordioso.

Ser misericordioso con uno mismo significa no cerrar el corazón a lo que de desdichado y solitario, de pobre y miserable, de infeliz y fracasado hay en mí, al sentimiento de abandono y de soledad que percibo en mi interior. No cierro mi corazón a las cosas que hay en mí dignas de compasión, a lo que más quisiera olvidar y reprimir. En todos nosotros afloran esos sentimientos de abandono. Pero los reprimimos muy a gusto. Nos resultan muy desagradables. Pero entonces no podemos cambiar nuestra soledad y abandono, ni nuestra miseria y angustia. Entonces estamos siempre huyendo de los oscuros presentimientos. Si soy cordial con los pobres y débiles, lo que de pobre hay en mí puede convertirse en una fuente de bendición. Puede abrirme al secreto del amor de Dios, que siente conmigo y tiene un corazón para mí.

CONCLUSIÓN

Un mensaje clave de la fe cristiana

A veces se me ha acusado de falsificar el exigente mensaje de Jesús tratándolo de acomodar al espíritu del tiempo. Ciertamente, portarse bien consigo mismo va con nuestro tiempo. Ya no significan mucho ni la ascesis ni las exigencias de Dios.

Puedo comprender el miedo en que se basan estas reticencias. Yo tampoco estaría contento si los teólogos aguaran el mensaje de Jesús. Sin embargo, creo que uno de los temas centrales de la Biblia es tratarnos misericordiosamente a nosotros mismos. Mateo describe a Jesús como alguien que ayuda porque es misericordioso. Grundmann resume así la imagen de Jesús que retrata el evangelio de Mateo: «Como maestro, Jesús habla de servicio y de renuncia al poder, de reconciliación y de abandono de toda clase de violencia, de una paciencia que lleva consigo la promesa de la victoria (cf. Mt 5, 3-12; 38-47). Tampoco la comunidad utilizó ninguna clase de violencia en la defensa y configuración de su vida, como puede verse en el ordenamiento de la comunidad (Mt 18). Como ayudante y Señor, Jesús es el rey bueno sin medios terrenos de poder (Mt 11, 29; 21, 5)» (Grundmann, 15). Jesús tampoco quiere que seamos violentos, sino que seamos misericordiosos con nosotros mismos.

En el evangelio de Lucas, Jesús se define como el Salvador misericordioso que se pone de lado de los pobres. Se porta bien con las personas. El mensaje que les anuncia es un mensaje liberador. Con sus palabras ha liberado a los hombres de la esclavitud de la ley, tal como muchos la interpretaban en su época. Ha sido misericordioso con los pecadores y publicanos, y les ha animado a no desesperarse, sino a volver a empezar. Jesús dice a los hombres que no se desesperen, porque la misericordia de Dios siempre está ahí. Pero Jesús también nos reta a buscar nuevas formas de amor, un amor que lo da todo, que no se aferra ni a las posesiones ni a las personas, porque ha experimentado el amor de Dios.

Actualmente también encontramos personas en la Iglesia que se parecen a los fariseos. Como ellos, tienen siempre razones muy plausibles. Quieren preservar la tradición. Quieren que cumplamos la voluntad de Dios. Pero no se dan cuenta de que a menudo no hacen justicia a las palabras de Jesús, precisamente a sus palabras contra la hipocresía de los fariseos y contra el poder de la ley. Y tampoco hacen justicia a las cartas de Pablo, en las que se considera la libertad del cristiano como mensaje central de Jesús.

No se trata de desvirtuar el mensaje de Jesús para acomodarlo al tiempo presente. Tiene que transmitirse puro, sin falsificar. Pero también hay que reinterpretarlo en nuestro tiempo, para que las personas de hoy puedan entenderlo. Y creo que las perspectivas psicológicas pueden abrir de un modo nuevo nuestros ojos a la fuerza liberadora del mensaje de Jesús. A este respecto, el diálogo con la psicología me ha ayudado a ver a Jesús con ojos nuevos, a verlo como el que nos enseña un camino practicable hacia la vida, a considerarlo el maestro de la sabiduría divina. Por ello no tengo ningún problema en confesar a Jesús como Hijo de Dios. Pues la sabiduría que brota de sus palabras y de su conducta sólo puede venirme de Dios. En la misericordia de Jesús reconozco cómo es el corazón de Dios para con nosotros, experimento la bondad de Dios para conmigo. La misericordia de Dios puede reflejarse en nuestra vida, en nuestra actitud misericordiosa hacia el prójimo, pero también en la misericordia con que nos tratamos a nosotros mismos.

BIBLIOGRAFÍA
E ÍNDICE GENERAL

BIBLIOGRAFÍA

Apotegmas de los padres del desierto, Salamanca 1986.

Bailey, R. H., *Gewalt und Aggression*, Hamburg 1980.

Bernardo de Claraval, *Gotteserfahrumg und Weg in die Welt*, ed. B. Schellenberger, Olten 1982.

Bradshaw, J., *Das Kind in uns. Wie finde ich zu mir selbst?*, München 1992.

Bultmann, R., *Eleos, oiktirmus, splagnizomai*, en *Theologisches Wörterbuch zum Neuen Testament* II y V, Stuttgart 1954; VII, Stuttgart 1964.

Dethlefsen, Th., *Krankheit als Weg*, München 1983.

Furrer, W. L., *Schuld und Sünde als menschliche Erfahrung*, en H. Zauner-H. Erharter (eds.), *Freiheit-Schuld-Vergebung*, Wien 1972, 9-31.

Grün, A.-Reepen, M., *Heilendes Kirchenjahr*, Münsterschwarzach 1985.

Herman, N., *Die wahre Freude*, Zürich 1969.

C. G. Jung, *Gesammelte Werke* XI, Zürich 1963; XVI, Zürich 1958.

–*Briefe* II, Olten 1972; III, Olten 1973 (citado como *Cartas*).

Léon-Dufour, X. (ed.), *Vocabulario de teología bíblica*, Barcelona [18]2001.

Miller, B., *Weisung der Väter*, Freiburg 1965.

Müller, W., *Begegnung, die vom Herzen kommt. Die vergessene Barmherzigkeit in Seelsorge und Therapie*, Mainz 1993.

Pohlmeier, H., *Die psychoanalytische Theorie der Depression*, en D. Eicke (ed.), *Psychologie des 20. Jahrhunderts* II. *Freud und die Folgen*, Zürich 1976, 675-696.

Régamey, P. R., *Wiederentdeckung des Fastens*, Wien 1963.

Regnault, L., *Les sentences des Pères du désert* II-III, Solesmes 1976-1977.

Rudin, J., *Psychotherapie und Religion*, Olten 1964.

Scheidt, J. von, *Innenweltverschmützung. Die verborgene Aggression: Symptome, Ursachen, Therapie*, München 1975.

Shellenbaum, P., *Abschied von der Selbstzerstörung. Befreiung des Lebensenergie*, Stuttgart 1989.

Schwab, G., *Sagen des Klassischen Altertums*, ed. H. Eichhof, München 1961.

Seelmann, K., *Adlers Individualpsychologie*, en D. Eicke (ed.), *Die Psychologie des 20. Jahrhunderts* III. *Freud und die Folgen* II. Zürich 1977, 552-623.

Strathmann, H., *Askese* I (no cristiana), en RAC, 749-758.

ÍNDICE GENERAL